DESAFIOS EPISTEMOLÓGICOS PARA A PSICANÁLISE

Blucher

DESAFIOS EPISTEMOLÓGICOS PARA A PSICANÁLISE

Ensaios psicanalíticos III

Flávio Ferraz

Desafios epistemológicos para a psicanálise: ensaios psicanalíticos III

Série Psicanálise Contemporânea
Coordenador da série Flávio Ferraz
Publisher Edgard Blücher
Editor Eduardo Blücher
Coordenador editorial Rafael Fulanetti
Coordenação de produção Andressa Lira
Produção editorial Luana Negraes
Preparação de texto Bárbara Waida
Diagramação Negrito Produção Editorial
Revisão de texto Maurício Katayama
Capa Leandro Cunha
Imagem da capa iStockphoto

Blucher

Rua Pedroso Alvarenga, 1245, 4º andar
04531-934 – São Paulo – SP – Brasil
Tel.: 55 11 3078-5366
contato@blucher.com.br
www.blucher.com.br

Segundo o Novo Acordo Ortográfico, conforme 6. ed. do *Vocabulário Ortográfico da Língua Portuguesa*, Academia Brasileira de Letras, julho de 2021.

Dados Internacionais de Catalogação na Publicação (CIP)
Angélica Ilacqua CRB-8/7057

Ferraz, Flávio
Desafios epistemológicos para a psicanálise : ensaios psicanalíticos III / Flávio Ferraz. – São Paulo : Blucher, 2025.
200 p. (Série Psicanálise Contemporânea / coord. de Flávio Ferraz)

Bibliografia
ISBN 978-85-212-2496-9

1. Psicanálise 2. Freud, Sigmund, 1856-1939 I. Título. II. Série.

24-5557 CDD 150.195

Índice para catálogo sistemático:
1. Psicanálise

Agradecimentos a Ana Maria Sigal, Cristiane Cury Abud, Decio Gurfinkel, Denice Barbara Catani, Felippe Lattanzio, Gustavo Lerner Battagliese, Lucía Barbero Fuks, Luís Cláudio Figueiredo, Maria Aparecida Kfouri Aidar, Maria Elisa Pessoa Labaki, Maria Helena Fernandes, Maria Laurinda Ribeiro de Souza, Maria Sílvia Borghese, Marta Rezende Cardoso, Mauro Meiches, Miriam Chnaiderman, Moisés Rodrigues da Silva Junior, Nelson da Silva Junior, Paulo Jeronymo Pessoa de Carvalho, Paulo Ritter, Renata Udler Cromberg, Renato Mezan, Ricardo Almeida Cavalcanti, Rubens Marcelo Volich, Sérgio de Gouvêa Franco, Silvia Leonor Alonso, Soraia Bento, Teresa Pinheiro e Thaís Siqueira.

Conteúdo

À guisa de introdução: desafios epistemológicos para a psicanálise na teoria, na clínica e na transmissão[1]

Desde o primeiro *insight* de Freud, ainda no século XIX, que deu início à construção do que viria a ser uma nova e revolucionária disciplina, a psicanálise enfrentou desafios epistemológicos para consolidar sua posição no domínio das ciências. Afinal, seu projeto era ambicioso, como ele próprio registrou no artigo "Uma dificuldade no caminho da psicanálise" (Freud, 1917/19810). Tratava-se, nada menos, de empreender a consolidação de uma disciplina que viesse a desferir o *terceiro golpe* no narcisismo da humanidade, na sequência de outros dois nada modestos. O primeiro golpe, o *cosmológico*, deveu-se à descoberta de Copérnico de que a Terra, o domicílio do homem, não era o centro estacionário do universo; o segundo, o *biológico*, resultou das pesquisas de Darwin, que retiraram o homem de sua supremacia para colocá-lo em seu devido lugar na escala animal. Finalmente, o golpe *psicológico*, ocorrido por obra e mérito do próprio Freud,

1 A parte introdutória deste texto, em conjunto com a seção "Desafios epistemológicos na teoria", foi originalmente publicada em forma de artigo na *Revista Brasileira de Psicanálise, 58*(2), 101-113, 2024; a seção "Desafios epistemológicos na clínica psicanalítica" foi publicada originalmente no *Jornal de Psicanálise, 57*(107), 25-38, 2024, a convite da editora Berta Azevedo, a quem agradeço.

> *atingiu o sujeito da certeza e da razão, à medida que a psicanálise apontou para um eu que não era completamente senhor de si, isto é, encontrava-se sujeito a aspectos inconscientes que, a despeito de influenciarem profundamente em sua configuração psíquica, não se deixavam sujeitar pela consciência ou pela razão. (Ferraz, 2024c, p. 164)*

A tarefa que cabia à nova ciência era a construção de um corpo teórico-clínico complexo que, como escreveu Freud (1923/1981s) na definição de psicanálise em "Dois verbetes de enciclopédia", fosse ao mesmo tempo:

> *(1) um procedimento para a investigação de processos mentais que são quase inacessíveis por qualquer outro modo, (2) um método (baseado nessa investigação) para o tratamento de distúrbios neuróticos e (3) uma coleção de informações psicológicas obtidas ao longo dessas linhas e que gradualmente se acumula numa nova disciplina científica. (p. 287)*

Assim, a psicanálise já surgiu com a vocação de se tornar um método terapêutico indissociável de uma teoria do aparelho psíquico, a chamada *metapsicologia*. Seu destino seria o de constituir-se como uma ciência nova, destacada tanto da medicina como da psicologia. A entrada em cena do inconsciente, conceito que sustenta o edifício teórico-clínico da psicanálise, exigia nada menos que o fim da ilusão da posse, pelo homem, da completa certeza sobre si. Conferia ao eu o atestado de que tivera sua origem no outro: o inconsciente *é* o outro, dirá a fórmula sintética lacaniana.

É assim que desfilam na obra de Freud sucessivas evidências da invasão do eu por essa instância que o ultrapassa. Senão, vejamos:

por meio do ato falho, dizemos mais do que sabemos ou do que gostaríamos de dizer; nos sonhos, os desejos recalcados insistem em aparecer, ainda que disfarçadamente; o neurótico obsessivo vive assolado por pensamentos desagradáveis que se assomam a sua consciência aos borbotões, sem que ele possa conter sua aparição; o psicótico é atravessado por delírios que trazem o outro em estado intacto para dentro de sua mente, destituindo-o de sua própria delimitação ontológica; e assim por diante.

A especificidade constitutiva da lógica da psicanálise, segundo Dor (1988), se caracteriza pela ligação inextrincável entre aquilo que *escapa do sujeito* e seu estatuto de *verdade*. Porém, antes de Freud perceber que havia um *sentido* no que dizia a histérica, os sintomas eram vistos como produto da degenerescência da mente. Assim, a psicanálise promoveu uma subversão epistêmica ao reconhecer não apenas que há uma dimensão de verdade naquilo que escapa do discurso racional do sujeito – dito de outro modo, naquilo que o ultrapassa –, mas ainda que tal verdade não pode se revelar no discurso consciente.

A partir de intuições ainda muito iniciais sobre o inconsciente, coube a Freud trilhar um longo caminho até a consolidação de uma posição epistemológica própria da psicanálise, uma vez que sua essência trazia algo de disruptivo em relação ao estado em que se encontrava a teoria da ciência. Este é um longo e complexo trajeto, já detalhado por muitos estudiosos do desenvolvimento da psicanálise, como P.-L. Assoun (1983), que historiou o paradoxo vivido por Freud nas investidas sobre o tema da relação entre sua disciplina e a ciência. Em uma brevíssima síntese: por mais que tenha conduzido a psicanálise a uma posição de ruptura com as exigências metodológicas das ciências duras ou da natureza (*Naturwissenschaften*), Freud jamais desistiu de incluir sua disciplina entre elas. A história descortina motivações adicionais a sua estrita concepção epistemológica, como a necessidade de tornar a psicanálise reconhecida e aceita pelo meio acadêmico. Para isso, era preciso não renunciar a uma argumentação que defendesse sua ciência enquanto parceira legítima da física e da química, como se depreende de suas relações com os grandes cientistas da época.

Mas os aspectos *políticos*, por assim dizer, não atenuam o fato de que Freud tinha um partido na discussão sobre o que se exigia de uma ciência para que ela pudesse se designar como tal. Em sua formação médica, ele já recebera a influência de Brücke e Brentano, no sentido de se afastar de conceitos metafísicos – e da *Naturphilosophie* – para se constituir como aquilo que seria um verdadeiro cientista. Posteriormente, a influência do filósofo austríaco Ernst Mach, defensor do caráter necessariamente empírico de toda ciência, ficaria patente no extenso arrazoado inicial do artigo "A pulsão e seus destinos", em que Freud (1915/1981n) argumenta ser lícito que uma nova disciplina, em seu processo de construção, tome de empréstimo os fundamentos de ciências já consolidadas. Isso justifica as reiteradas tentativas que fez de extrair da física e da química os fundamentos que julgava aplicáveis à psicanálise. Está posto aí, claramente, o anseio de carimbar a psicanálise como ciência positiva, observando critérios empíricos de verificabilidade e não se deixando contaminar por conceitos metafísicos.

Como se observa nos primeiros trabalhos de Freud, em particular nos *Estudos sobre a histeria* (Breuer & Freud, 1895/1981), a causa do sintoma histérico – a memória recalcada de um evento doloroso – teria que ser encontrada por meio de um árduo trabalho de rememoração que caracterizava o incipiente método terapêutico e investigativo. Essa "causa", ainda que situada na *história* de um sujeito, e não na anatomia ou na fisiologia, fazia as vezes da materialidade exigida na explicação da causação material nas ciências da natureza. Entretanto, é bastante curiosa a constatação de que, nos anos iniciais de sua prática clínica e seu exercício de teorização, Freud já se dedicava a defender uma especificidade incontornável de sua disciplina, a saber, a localização do fator etiológico na *história* do sujeito, e não em seu corpo. Os relatos de caso reunidos nos *Estudos sobre a histeria* têm, por essa razão, uma estrutura mais afim à narrativa literária do que a um trabalho científico. A investigação e a intervenção se davam por meio da *palavra*! Curiosa injunção essa, que, se mostra uma posição desfavorável no estrito campo das ciências da natureza, foi também o que, historicamente, abriu espaço para a paulatina afirmação de uma ciência que operava em outro terreno que não o da materialidade.

Essa tendência irrefreável já aparece, por exemplo, nas ponderações de Freud (1905/1981e) no artigo "Tratamento psíquico (ou mental)":

> *Tratamento psíquico denota, antes, o tratamento que se inicia na mente, o tratamento (seja de distúrbios mentais ou físicos) por medidas que atuam em primeiro lugar e imediatamente sobre a mente humana. De primeira importância entre tais medidas é o* uso de palavras; *e as palavras são o instrumento essencial do tratamento mental. Um leigo, sem dúvida, achará difícil compreender de que forma os distúrbios patológicos do corpo e da mente podem ser eliminados por "meras" palavras.* Ele achará que lhe estão pedindo que acredite em mágica. E não estará muito errado, pois as palavras que usamos em nossa fala diária não são senão uma mágica atenuada. *Mas teremos que seguir um desvio para explicar de que forma a ciência se propõe restituir às palavras pelo menos uma parte de seu antigo poder mágico. (p. 297, grifos meus)*

A rigor, essas afirmações são tão enfáticas que pouco teríamos a acrescentar para caracterizar a psicanálise como disciplina que rompe com o campo das ciências duras. Entretanto, muitos anos ainda se passariam até a publicação do trabalho *A questão da análise leiga*, em que, indiretamente, Freud (1926/1981w) reconhece que a psicanálise se apartara da medicina. Ele não o faz com uma tal afirmação explícita, mas escreve um texto extenso em defesa da prática da psicanálise por leigos, isto é, não médicos.[2]

Para vencer os desafios no caminho de sua consolidação, a psicanálise teve que desenvolver um corpo teórico coerente com seu respectivo método clínico, com a inescapável tarefa de chegar à definição de um objeto que se distinguisse tanto daquele das ciências da natureza quanto da cultura. Como justificativa para sua existência legítima em meio às ciências, foi necessário, por meio de um contínuo processo de tentativa e erro, formular um discurso consistente sobre seus fundamentos específicos, de modo a poder abrir mão dos empréstimos que fizera de outras ciências. Empréstimos que, muitas vezes, podem soar como metáforas, conquanto seja visível a crença de Freud na sua condição de verdadeiros fundamentos científico-epistemológicos.

No afã de construir um corpo uno, composto não apenas por uma metapsicologia e um método, mas também por uma *fundamentação solidária à definição de seu objeto específico*, a psicanálise enfrentou uma verdadeira corrida de obstáculos, que não seria possível arrolar num espaço como este. Assim, tratarei de um conjunto de desafios que estiveram presentes na constituição da *teoria* e da *clínica* e, para além delas, da *transmissão*, algo que, na psicanálise, merece uma consideração particular quando comparado ao que se passa em outras ciências.

2 Este trabalho foi escrito em defesa de Theodor Reik, membro da Sociedade Psicanalítica de Viena, que, em 1926, foi processado por charlatanismo por exercer a clínica sem ser diplomado em medicina.

Não pretendo enumerar sistematicamente esses desafios ao longo da história. As considerações que farei decorrem, de modo despretensioso, das inquietações que encontro na constituição de meu próprio entendimento da disciplina, bem como das dificuldades que enfrento no ofício da clínica e na labuta com a transmissão. Baseiam-se, confessadamente, em minhas predileções teóricas e estéticas e em minhas crenças éticas.

Desafios epistemológicos na teoria

No primeiro plano dos desafios relativos à teoria esteve o encontro de uma fundamentação própria e específica para a psicanálise, que lhe permitisse definir com precisão seu objeto e, simultaneamente, legitimar o método adequado à sua abordagem. Fundamentação epistemológica e definição de objeto específico são, portanto, tarefas indissociáveis.

A influência de Mach sobre Freud o conduziu a um discurso, explicitado na introdução do artigo "A pulsão e seus destinos" (Freud, 1915/1981n), que justificava o procedimento que uma nova ciência deveria adotar. Ela deve começar por observar e descrever fenômenos, até edificar um *sistema* que, inicialmente, se explica com base em ideias retiradas das vizinhanças científicas. O inconsciente seria, a seu ver, um objeto da natureza, e essa forma de pensar o levou a uma verdadeira obstinação pelo alinhamento da psicanálise às *Naturwissenschaften*. Mas o que se exigia de uma ciência propriamente dita era o emprego do método empírico, e os procedimentos clínicos de Freud não poderiam se acomodar a essa designação.

Quando saltamos do momento freudiano para o ponto a que chegamos após mais de um século de elaboração do problema pela filosofia da ciência, encontramos um estado de coisas tal como descrito na conciliação proposta por Mezan (2002):

> *A divisão entre ciências naturais e ciências humanas já não passa atualmente pela oposição entre universal e singular, nem pela oposição entre explicação e compreensão. Ela reside na diferença entre o método experimental e os métodos não experimentais, o que é completamente diferente. O método experimental convém a objetos nos quais a singularidade é irrelevante – o fato de se tratar deste ou daquele nada significa perante o fato de ser um exemplar da categoria. Já as ciências humanas têm de levar em conta a singularidade de seu objeto, que coexiste, de modo inextrincável, com a dimensão supra-singular que o método também quer alcançar. Nesse sentido, o emprego do método clínico – que não é um método experimental – obriga-nos a situar a psicanálise ao lado das ciências humanas, e isso sem que os motivos que levaram Freud a colocá-la entre as ciências da natureza tenham perdido a validade. Simplesmente, não é mais possível utilizar o termo* empírico *como equivalente a* da natureza, *como parecia evidente a Freud no contexto em que elaborava suas reflexões. (p. 485)*

Curiosamente, após décadas de evolução da filosofia da ciência, a psicanálise continua a ser, de tempos em tempos, inquirida sobre sua cientificidade, o que implica, evidentemente, ter a legitimidade questionada. Mas ela tem sobrevivido com vigor aos ataques de proselitistas epistemologicamente analfabetos.

No trabalho de Assoun (1983), encontramos um levantamento exaustivo dos diversos momentos do esforço de Freud na busca de fundamentos para a psicanálise. O autor faz uma distinção entre os *fundamentos epistemológicos do freudismo* e os *fundamentos históricos da metapsicologia freudiana*. O primeiro fundamento epistemológico presente em Freud é o *monista*, responsável por sua "obstinação um pouco teimosa em rotular sua psicanálise de *Naturwissenschaft*" (p. 48), por acreditar não haver uma variante no domínio das ciências. Ele rejeitava a legitimidade do que seria a alternativa, as ciências do espírito (*Geisteswissenschaft*), algo que lhe causava espécie. O segundo fundamento é o *fisicalista*, representado pelas referências físico-químicas na explicação dos fenômenos mentais, que vemos à exaustão nas hipóteses sobre os fluxos da energia psíquica nos processos de retenção e descarga, que, inclusive, embasam a diferenciação entre o processo primário e o secundário. O terceiro fundamento, por fim, é o *agnosticista*, que introduz um paradoxo sobre o qual a metapsicologia terá que se equilibrar. Para Freud, a psicanálise é, por definição, uma ciência da natureza, como vimos. No entanto, a esfera de fenômenos que investiga é a dos *processos inconscientes*, em última instância incognoscíveis, como a *coisa em si* kantiana (*noumenon*), conceito por ele mesmo convocado. Eis aí, de modo acabado, o paradoxo — sofisma, no dizer de Assoun — em que a epistemologia freudiana mergulhou.

Os fundamentos históricos da metapsicologia freudiana, por sua vez, adviriam de três modelos: o brückiano, que vai da anatomia à tópica e tem como eixo o princípio da conservação da energia; o herbartiano, que vai da tópica à dinâmica e se centra sobre a ideia de que todo fenômeno psíquico é uma representação ou nela encontra apoio; e o fechnero-helmholtziano, que vai da dinâmica à econômica e defende o imperativo da quantificação na pesquisa psicológica. Por meio dessa sequência descortinam-se os bastidores da formulação de uma metapsicologia com suas três componentes, a tópica, a dinâmica e a econômica.

A epistemologia da psicanálise, segundo Assoun (1983), se circunscreve à obra de Freud; tanto que ele fala em epistemologia *freudiana*, em vez de *psicanalítica*. Para ele, a metapsicologia pertence a Freud, por seu caráter inaugural e pela quebra de paradigmas que ele levou a cabo. Mezan (2002), com propriedade, critica essa restrição, uma vez que ela pode ter por consequência a personalização de uma disciplina, o que justificaria, por exemplo, que a psicanálise fosse tomada por "ciência judaica", como efetivamente já o foi. Para ele, o ideal seria admitir que outros teóricos deram prosseguimento à pesquisa de Freud, de modo a preencher lacunas e estabelecer novos conceitos que se legitimam como componentes da metapsicologia e até mesmo promovem remanejamentos na epistemologia da psicanálise. Foi por mérito de autores pós-freudianos que se estendeu o leque da analisabilidade a pacientes que não cabiam na primeira concepção técnica de Freud, como veremos adiante na discussão sobre os desafios epistemológicos enfrentados pela clínica.

Depois de Assoun, foi J. Laplanche quem, a meu ver, contribuiu de maneira decisiva para o esclarecimento da trajetória da fundamentação da psicanálise, inclusive atingindo um ponto de onde pôde depreender da própria obra de Freud o fundamento último de sua disciplina, algo que ele mesmo, Freud, não entrevira.[3] Para isso, Laplanche (1992) se valeu de um procedimento peculiar, que foi o de "fazer Freud trabalhar", isto é, empreender uma leitura em extensão de sua obra de modo a extrair dela própria relações lógicas ali não explicitadas. O fundamento da psicanálise, para ele, deveria corresponder necessariamente ao que funda cada processo psicanalítico particular e, em última instância, ao que funda o ser

3 A. Green (2003) também se posiciona quanto à necessidade de se buscarem os fundamentos da psicanálise na própria descoberta psicanalítica: "Qualquer que seja o interesse das informações recebidas do domínio dessas disciplinas afins, o essencial da pesquisa em psicanálise deve situar-se, parece-me, do lado da prática e da clínica psicanalíticas, cuja referência é indispensável para nortear o pensamento psicanalítico. A psicanálise é a ciência fundamental do psiquismo e não recorre a outras ciências fundamentais das quais ela seria uma aplicação" (p. 490).

humano. Em outras palavras: fundamento e objeto são conceitos inseparáveis, e o tratamento psicanalítico recapitula a constituição do sujeito.

> *Fundamentos: é, a partir de uma crítica incessante dos conceitos ditos fundamentais, uma retomada dos gestos e dos movimentos que fundam; que fundam o quê? Que fundam a psicanálise; que fundam uma psicanálise, no sentido do que chamamos o tratamento; e, finalmente, que fundam o ser humano. Pois, eu insisto, o que é fundador para a psicanálise só pode sê-lo se estiver em ressonância, estiver* a posteriori, *com o que é fundador para o ser humano. (p. 2)*

Laplanche (1992) faz um levantamento crítico dos modelos supostamente fundantes pelos quais Freud foi passando em sua trajetória teórica: o biológico, o filogenético e o mecanicista, acrescentando o linguístico, produto da empreitada lacaniana de fundamentação do sujeito e do método a partir do pensamento neoestruturalista (Lacan, 1966/1998).[4] Ao fim da trajetória, e levando às últimas consequências o propósito de extrair da própria descoberta psicanalítica seu fundamento, propõe que este se encontra na ideia do apoio (*Anlehnung*), por meio do qual a sexualidade psíquica se destaca do plano somático ou da conservação (Freud, 1905/1981c).

4 J. F. Costa propõe outra fundamentação do sujeito na linguagem, defendendo a substituição da linguística neoestruturalista, da qual lança mão Lacan (1966/1998), pela *pragmática da linguagem* de L. Wittgenstein, D. Davidson e R. Rorty. Essa empreitada, evidentemente, não se restringe a uma mudança teórica, mas traz em seu bojo alterações significativas no método psicanalítico, uma vez que produz rearranjos tanto lógicos como éticos, exigidos pela concepção de sujeito que defende (cf. Costa, 1994). Essa proposta de J. F. Costa é discutida minuciosamente no Capítulo 4, "Psicanálise e pragmática da linguagem".

São várias as consequências dessa proposição, todas de importância capital para a metapsicologia e para a clínica. Por exemplo: a sexualidade psíquica surge na mesma operação que funda o sujeito, por meio da *sedução originária* inevitavelmente perpetrada pelo adulto portador de um inconsciente sexual, no contexto da *situação antropológica fundamental*. Nesse processo, ocorre a separação entre o nível pulsional, que se destaca, e o nível basal da conservação. O outro (adulto), que invade a criança e provoca o nascimento de sua sexualidade, nela se instala como objeto primordial, transformado em *fonte da pulsão*, doravante mais bem designado como *objeto-fonte* da pulsão.[5] Corpo somático e corpo erógeno se separam, mantendo entre si, contudo, a ponte representada pelo apoio. A *pulsão*, identificada com a sexualidade psíquica, não se confunde mais com o *instinto*, agora entendido como esquema herdado da filogênese. É no nível pulsional, portanto, que se funda o sujeito sexuado e desejante.

Em consonância com a exigência de coerência que vimos anteriormente, esse nível funda também o objeto da psicanálise, que vem a ser o objeto da pulsão ou objeto psíquico propriamente dito, descolado do objeto da conservação. Em suma, Laplanche elimina qualquer confusão entre os planos da *objetividade* e da *objetalidade*. O primeiro se situa no nível da conservação, remanescendo como objeto da psicologia, na medida em que se refere a funções como a percepção e a cognição. O segundo, por sua vez, se situa no nível da pulsionalidade, tornando-se, dessa forma, objeto da psicanálise.

Esse processo de encontro do objeto específico da psicanálise, na culminância de sua afirmação epistemológica, é também recapitulado por Mezan (2002), que o chama de objeto *psíquico*,

5 Essa questão é trabalhada detalhadamente no Capítulo 1, "De objeto da pulsão a objeto-fonte da pulsão: um imperativo epistemológico".

surgido à diferença do objeto *natural* das ciências duras, da mesma forma como o objeto *cultural* se definiu em virtude da independência adquirida pelas ciências sociais. Existe ainda o objeto *ideal*, da matemática, situado para além da materialidade, exemplificado pelo autor pelo número imaginário "i", a raiz quadrada de −1. O objeto psíquico, novidade introduzida pela psicanálise, não coincide com o objeto da psicologia, uma vez que é apenas na experiência da transferência que se manifesta, o que torna sua ocorrência um evento particular da *situação analítica*. A cada espécie de objeto deve corresponder um método de investigação coerente com sua natureza, de modo que a pretensa universalidade do método das ciências naturais cai por terra à medida que as ciências humanas encontram as bases epistemológicas próprias.

Há ainda uma consideração adicional a ser feita a respeito do processo de sexuação. O significante enigmático, oferecido pelo adulto, é uma manifestação inconsciente. Portanto, aquilo que ele faz instalar no incipiente aparato psíquico da criança não é determinado por uma ação consciente. Isso significa que não haverá esforço possível capaz de configurar um certo modo de desejar. A escolha objetal, que não se subordina à biologia, tampouco se deixa definir por meio da educação. O objeto do desejo é contingente, e não natural. A constituição da objetalidade é o outro lado da moeda da formação da identidade sexual. Laplanche (2015) fala em *identificação passiva*, o que significa que, por efeito do significante enigmático, alguém *é identificado por* outro, não cabendo o uso do reflexivo-ativo numa assertiva do tipo "alguém se identifica com".

A construção do objeto do desejo, que será figurado pela fantasia que engendra, é bastante precoce. Ele permanecerá latente até que a maturação sexual, ocorrida no território biológico, o convoque ao tempo da descarga. E, ainda que alguns não concordem com essa asserção radical, é imutável. Ribeiro (2010) convoca a etologia para advogar que, na determinação da objetalidade, algo se passa à moda do *imprinting*, que fixa padrões (*patterns*) no desenvolvimento comportamental dentro de uma janela temporal rigorosamente estabelecida na filogênese.[6]

Não é preciso muito esforço para deduzir o lugar que Laplanche atribui à biologia na constituição do sujeito. Sem negar seu papel, ele propõe sua devida participação no processo como base instintual, reservando à sexualidade psíquica sua origem *no outro*, ou melhor, no inconsciente do outro, ou seja, do adulto presente na situação antropológica fundamental, da qual decorre a inexorável sedução originária.

Penso que a proposição de Laplanche sobre a *situação antropológica fundamental* como ponto fundante do sujeito e da sexualidade psíquica responde a uma exigência epistemológica inescapável que se faz à psicanálise. Trata-se da necessidade de colocar seus fundamentos em termos, digamos, axiomáticos, capazes de responder às questões gerais e universais da constituição do sujeito, sem se limitarem por referentes culturais têmporo-espaciais. Em que pese o fato de que o objeto da psicanálise, em razão de sua natureza, não prescindirá de uma abordagem com características narrativas – principalmente na discussão da clínica –, é inegável a necessidade de se atingir um patamar discursivo que transcenda os referentes datados que saturam a teoria.

Em Freud, por exemplo, o complexo de Édipo é descrito em termos dos papéis de *pai* e *mãe*, que, em autores posteriores, evoluem timidamente para *figura materna* e *figura paterna*. Com tal nomeação, é incontestável que estejam mais sujeitos a reproduzir a normatividade cultural inerente à definição de papéis em função do gênero. Lacan (1966/1998) dá um salto epistêmico ao propor o significante *Nome-do-Pai* como conceito que dá conta da instalação da lei, retirando seu agente da concretude específica de pai

---

6 Cf. Lorenz (1995).

propriamente dito. Bion (1967/1988), por sua vez, para tratar da gênese do pensamento, recorrerá à cena do encontro da boca do bebê com o mamilo da mãe para explicar a passagem de uma *pre-concepção* a uma *concepção*, rumo ao pensar. Em ambos os casos, assiste-se a tentativas de, por assim dizer, universalizar os fundamentos do sujeito para além da cena demarcada pelas figuras concretas de pai e mãe, que, por mais frequentes que sejam, não podem responder por uma generalização. Mais ainda se tem a considerar quando é a própria família ou sociedade que se inclui no argumento. Mesmo em busca de uma axiomatização, o Nome-do-Pai, descolando-se da estrita figura do pai na pena de Lacan, mantém o *pai* em sua nomeação conceitual. Falar em mamilo, como faz Bion, mantém no âmago do processo a cena de que participa a mãe real. Assim, trata-se de avanços rumo ao universal que, no entanto, deixam o rastro indicativo do modelo concreto do qual partiram.

Por essa razão, a ideia de situação antropológica fundamental atende ao que, no ser humano, é irredutível: a sobrevivência de um bebê nos anos iniciais, em virtude de sua inelutável condição de desamparo (*Hilflosigkeit*), depende, imprescindivelmente, de um adulto que atenda às suas necessidades vitais. É essa assimetria que Laplanche explora em sua teoria, quando um adulto desejante, portador de um inconsciente e de uma sexualidade, age sobre um bebê ainda não constituído como sujeito. Isso é válido independentemente do contexto cultural com suas configurações familiares e sociais. O conceito proposto por Laplanche tem, assim, a vantagem de sobreviver às mudanças experimentadas pela ordem social, algo que, aliás, tem ocorrido em crescente velocidade. Sua validade não se perde, por exemplo, diante de realidades como a da homoparentalidade, entre outras, nem requer que um bebê seja amamentado no seio real de uma mãe biológica.

Fazer trabalhar a psicanálise, como propõe Laplanche (1992), implica exatamente a tarefa de "voltar o feitiço contra o feiticeiro", ou seja, usar os próprios recursos analíticos para submeter a teoria a um trabalho que vá ao encontro de seus pontos recalcados. Somente assim é possível detectar e eliminar as impregnações ideológicas da teoria – de ocorrência inevitável em suas versões iniciais, diga-se de passagem –, para aceder a um patamar em que ela se torne mais generalizável e, por conseguinte, mais funcional. Sabemos como a psicanálise tem sido cada vez mais exigida a se posicionar sobre as mudanças em quesitos como gênero, parentalidade, raça, costumes, relações sociais, sistemas de dominação política etc.

De todo o arrazoado sobre a contribuição de Laplanche, destaco, enfim, a consequente compreensão do processo analítico como situação que recapitula e, desse modo, historiciza a gênese do sujeito. Para tanto, ele só pode ser instituído por força de um *setting* que reproduza a situação originária, quando a criança se vê diante da questão: "o que esse seio quer de mim?". Questão que se faz como reação a sua exposição ao *significante enigmático* oferecido pela mãe, lançando-a na tarefa de tradução. Significante duplamente enigmático, uma vez que também o adulto o oferece de modo inconsciente. De modo controlado e metódico, então, o analista reproduz a cena da sedução originária ao estabelecer a *regra fundamental* da análise (Freud, 1912/1981i), observando os princípios de abstinência e neutralidade. Ida Macalpine (1950), num clássico artigo que, inclusive, inspirou Laplanche sobre o assunto, ampliou a concepção de Freud ao postular que a transferência, tal como se dá na análise, tem como condição de possibilidade a instauração do *setting* analítico. Portanto, não é similar ao que se passa em outra relação qualquer, mas específica da análise.

Por fim, gostaria de trazer um último desafio enfrentado pela teoria – *last but not least* –, cuja solução está ligada à questão da radicalidade do objeto da psicanálise, que acabamos de discutir. Trata-se do problema da *transmissão transgeracional*, uma pedra no sapato de Freud. Em "O eu e o isso" (Freud, 1923/1981t), ele arrisca uma hipótese, que mais parece inspirada no pensamento lamarckista,[7] para explicar o modo como se dá a transmissão de experiências de uma geração a outra:

> *As experiências do eu parecem, a princípio, estar perdidas para a herança; mas, quando se repetem com bastante frequência, e com intensidade suficiente em muitos indivíduos, em gerações sucessivas, transformam-se, por assim dizer, em experiências do isso, cujas impressões são preservadas por herança. Dessa maneira, no isso, que é capaz de ser herdado, acham-se abrigados resíduos das existências de incontáveis eus; e quando o eu forma o seu supereu a partir do isso, pode, talvez, estar apenas revivendo formas de antigos eus e ressuscitando-as. (p. 53)*

Dito sem subterfúgios: haveria experiências incorporadas pelo isso que se tornam patrimônio biológico transmissível de uma geração a outra. Ora, trata-se de uma proposição demasiado frágil quando examinada sob um crivo científico minimamente rigoroso. Sugere uma verdadeira aventura pelos domínios da genética. Mas, com Laplanche, somos socorridos pela concepção de *significante enigmático*, que tem potencial suficiente para lançar luz sobre o problema da transmissão transgeracional, uma vez que se trata de uma tese sobre um modo particular de comunicação entre pais e filhos ou, genericamente, entre adultos e crianças. Parte essencial da "herança" deve ser transmitida, portanto, por meios inconscientes, de modo que não surpreende a existência de aquisições cuja

7 Jean-Baptiste de Lamarck, introdutor de ideias evolucionistas pré-darwinianas, ficou conhecido pela postulação da transmissão genética de caracteres adquiridos através das gerações.

transmissão pareça misteriosa e que, por isso, tenha sido explicada de maneira prematura com base na genética. Até porque o significante não se expõe apenas no discurso verbal, mas se presentifica igualmente em cada gesto e em cada silenciamento, impregnando a cultura de um grupo familiar e se alastrando pelo social.

Essa forma de compreensão trazida por Laplanche tem o mérito de, enfim, conferir ao problema da transmissão transgeracional o indispensável rigor científico, levando mais longe o conceito de *significante* cunhado por Lacan (1966/1998), ainda que este já reconhecesse seu aspecto potencialmente enigmático. Laplanche, mais uma vez radical na exigência de uma consistência epistemológica, reforça a concepção do caráter *psíquico* de toda transmissão transgeracional, retirando de uma genética imaginária a responsabilidade por sua ocorrência e devolvendo os fenômenos psíquicos ao universo do significante. Assim como na identificação sexual e sua correlata escolha de objeto, na transmissão transgeracional é o significante enigmático que, portando o desejo do outro, produz as marcas constitutivas do sujeito pulsional. Essa assertiva consolida uma tomada de partido da psicanálise no debate sobre o inato e o adquirido, deixando à biologia seu lugar no plano do *instinto* enquanto *esquema filogenético*. Isso não retira dela sua importância. Ao contrário, faz-lhe justiça ao mantê-la em seu lugar natural.

Desafios epistemológicos na clínica

A clínica psicanalítica enfrentou incontáveis desafios epistemológicos desde o início do trabalho de Freud até a conclusão de sua obra. Além, é claro, daqueles que continua a enfrentar em seu constante desenvolvimento, sempre em sintonia com os avanços da metapsicologia correspondente. Mas eu gostaria de situar, em linhas gerais, as mudanças de paradigma historicamente mais significativas dentro do próprio ciclo do pensamento de Freud, para depois deixar indicados os principais rumos que tomou o enfretamento dos desafios nos autores que o sucederam.

Em primeiro lugar, houve a transição da terapia catártica para o método psicanalítico propriamente dito, marcada pelo abandono da hipnose em direção à associação livre. Tem como ponto de partida os *Estudos sobre a histeria* (Breuer & Freud, 1895/1981) e trabalhos afins, para chegar aos artigos sobre técnica dos anos 1910 (Freud, 1911/1981g, 1912/1981h, 1912/1981i, 1913/1981j, 1914/1981k, 1915/1981m), em que já está consolidado o paradigma do método fundamentado na transferência. Por fim, temos o paradigma da clínica "para além do princípio do prazer", baseada nas considerações teóricas de Freud a partir da publicação do texto homônimo (Freud, 1920/1981r), em que a nova concepção de pulsão marca o início de uma fase que alguns consideram mais pessimista quanto à clínica. É quando entra em cena o conceito de *pulsão de morte*, abrindo o caminho para a construção da segunda tópica (Freud, 1923/1981t) e para os textos que caracterizam o posicionamento final de Freud, que vão de "O problema econômico do masoquismo" (Freud, 1924/1981u) até "Análise terminável e interminável" (Freud, 1937/1981y), entre outros.

O problema da transferência representou um desafio precocemente enfrentado por Freud, ainda ao tempo dos *Estudos sobre a histeria* (Breuer & Freud, 1895/1981). Na parte desse trabalho destinada à psicoterapia da histeria, Freud já acusa a atenção que as pacientes dedicavam ao analista durante a sessão, em detrimento da concentração que este lhes exigia na tarefa de rememorar. Assim, a transferência, que surgia como resistência, era encarada apenas como um fator que dificultava o tratamento.

Embora a concepção de transferência tenha permanecido atada à ideia de resistência, o desafio que ela representava foi vencido por obra de sua incorporação ao processo analítico, dele se tornando parte integrante e, por conseguinte, objeto privilegiado de intervenção. A ponto de Freud (1912/1981h) conceber algo tal como uma *neurose de transferência*, que assume o lugar da neurose real e se transforma no cenário, por excelência, do processo analítico. A ideia de trabalhar sobre a transferência no processo analítico, no fim das contas, acabou por libertar a psicanálise dos grilhões da ciência positiva, que exigiam a causa material e faziam do tratamento um verdadeiro exercício de rememoração à moda de um quebra-cabeça na reconstituição de supostas cenas reais. Vem daí o valor que foi adquirindo a situação analítica em si mesma, como uma forma única de experiência.

Eis então uma alteração da técnica que se conjuga a uma mudança na fundamentação epistemológica, uma vez que pressupõe uma transformação na concepção do *objeto* da investigação clínica e, *a fortiori*, do próprio objeto da psicanálise. A partir daí surgem dispositivos clínicos fundamentais para o método, como a fórmula contratual para o estabelecimento da *situação analítica*, conhecida como *regra fundamental*, pela qual o paciente é instado a associar livremente (Freud, 1912/1981i, 1913/1981j). A essa regra corresponde, pelo lado do analista, a *atenção flutuante* (Freud, 1912/1981i). Além disso, os ideais de *neutralidade* e *abstinência* (Freud, 1915/1981m), que visam regular as manifestações de desejo do analista, se incorporam ao método na qualidade de dispositivos clínicos a um só tempo técnicos e éticos.

Laplanche (1992) faz um esclarecimento bastante preciso sobre a relação entre o método clínico e o objeto da psicanálise. O essencial do método é sua circunscrição ao pulsional. Se o objeto se define como *sexualidade psíquica* ou *pulsionalidade*, que se destaca do apego pela operação do apoio (*Anlehnung*), então os aspectos do sujeito pertencentes ao domínio da *conservação* ou das *pulsões do eu*, de acordo com Freud (1915/1981n), são elementos situados fora do escopo analítico. Isso quer dizer que o analista deve *recusá-los*, ou seja, não responder ao analisando no plano em que se situam, em razão de seu caráter de *demanda*, e sim no plano pulsional para o qual apontam. A resposta que se pode considerar como *interpretação* é, assim, a que se desloca do nível da conservação para o nível pulsional, numa espécie de finca-pé do analista na radicalidade do método.

Diga-se de passagem, essa *recusa*[8] nada tem a ver com a *Verleugnung* fetichista. Trata-se da *Versagung*, traduzida às vezes por *frustração*, conceito que já aparece no "Projeto para uma psicologia científica" (Freud, 1895/1981b) para falar da relação da mãe com o bebê, em que desempenha um papel constitutivo. A suspensão da satisfação levada a cabo pela mãe, que resulta na experiência da *falta*, é condição *sine qua non* para o desenvolvimento do pensamento, tal como, no processo analítico, a recusa do analista a responder no nível da demanda é condição para o *insight*.

O exemplo dessa postura clínica dado por Laplanche é cristalino: se um analisando diz que se atrasou para a sessão em virtude de problemas com os horários dos trens, o analista se recusa a responder no nível da conservação, o que poderia ser, no caso, uma abordagem pedagógica sobre como se organizar com os horários.[9] Ele se atém, ao contrário, ao nível pulsional, que é o da tomada do atraso como *resistência*. Não cede sobre essa posição. Laplanche oferece, assim, um novo dispositivo, que se agrega àqueles da lavra de Freud, já mencionados: se a atenção flutuante é um dispositivo *técnico*, e a neutralidade e a abstinência são dispositivos *éticos* (embora contenham também um lado técnico), a "recusação" (*Versagung*) vem a ser um dispositivo *epistemológico*, uma vez que

8 "Recusação" é o neologismo criado pela tradutora Cláudia Berliner para o termo francês *refusement*, que, por sua vez, traduz o alemão *Versagung* (cf. Laplanche, 1992).

9 C. Millot (1987) dedica o livro *Freud antipedagogo* à discussão dessa radicalidade da psicanálise.

se funda sobre a definição precisa do objeto e a este se aferra, fazendo o corte entre conservação e pulsão.

Um segundo desafio epistemológico enfrentado pela clínica diz respeito à ampliação dos critérios de *analisabilidade*. No artigo "Sobre a psicoterapia", Freud (1905/1981d) faz uma lista das restrições que se impunham na eleição de um paciente apto a passar pelo processo analítico. Entre pessoas pouco inteligentes, idosos, indivíduos com falha de caráter e psicóticos, sobrava um restrito público a reunir os estreitos critérios de analisabilidade. Entretanto, Freud já admitia que, com o progresso da psicanálise, esse espectro certamente se ampliaria.[10] De fato, foi ao que se assistiu: paulatinamente, a psicanálise pós-freudiana avançou em direção ao tratamento de crianças, psicóticos, fronteiriços e não neuróticos em geral. Importantes experimentações clínicas, com os respectivos acréscimos na metapsicologia, foram sendo feitas pelas gerações pós-freudianas.[11] No entanto, é preciso reconhecer que alguns dos operadores teóricos que embasaram esses movimentos se originaram na própria obra de Freud.

Um desses operadores, aliás fundamental, foi o conceito de *narcisismo* (Freud, 1914/1981l), que abriu as portas para a compreensão da psicose. Outro foi o de *pulsão de morte* (Freud, 1920/1981r), que inaugurou um novo patamar de seu pensamento, abrindo caminho para a segunda tópica do aparelho psíquico (Freud, 1923/1981t) e para uma clínica que não mais se restringia ao fenômeno neurótico, englobando paulatinamente a psicose, a perversão, os estados-limite e as somatizações. Outros operadores

---

10 Green (2003) afirma: "Em minha opinião, ao se fazer um exame minucioso dos textos, é difícil escapar da impressão de que Freud, sem se dar o trabalho de teorizá-lo de forma detalhada, pressente o advento, no campo clínico, do que será chamado, posteriormente, de casos-limite" (p. 486).

11 É necessário, contudo, fazer justiça a Karl Abraham e Sándor Ferenczi, contemporâneos de Freud, que se arriscaram na análise de pacientes não neuróticos.

foram os mecanismos defensivos diante do Édipo, que não mais se restringiam ao *recalcamento* (*Verdrängung*). Foi o conceito de *rejeição* (*Verwerfung*), retirado dos casos de Schreber (Freud, 1911/1981f) e do "homem dos lobos" (Freud, 1918/1981q), que permitiu a criação de uma clínica da psicose. Do mesmo modo, uma possível clínica da perversão só pôde se desenvolver graças ao conceito de *recusa* (*Verleugnung*), presente no artigo sobre o fetichismo (Freud, 1927/1981x). Cada um desses mecanismos, ao predominar no desfecho do complexo de Édipo, marca posicionamentos peculiares do sujeito diante da castração e, por conseguinte, modalidades próprias de transferência[12] quando na situação analítica. Na psicanálise lacaniana, são os fundamentos das estruturas clínicas (neurose, psicose e perversão).

A clínica da psicose, em alguns aspectos, pode servir como paradigma para as demais abordagens dos quadros não neuróticos, em razão da exigência que trouxe de se pensar na constituição do sujeito a partir de um desfecho do complexo de Édipo diferente do recalcamento neurótico (Freud, 1924/1981v). Se, na neurose, a elaboração final do conflito edípico, por meio da assunção da castração, tem como corolários o acesso à simbolização e um determinado modo de emprego da linguagem baseado na significação e suas repercussões metafóricas, nas patologias não neuróticas esses processos serão falhos. Em Lacan (1966/1998), a clínica da psicose se fundamenta no entendimento de um funcionamento psíquico decorrente do fracasso da castração, quando o mecanismo defensivo predominante no conflito edípico foi a *rejeição*, ou, em sua terminologia, a *foraclusão*: "A *Verwerfung* será tida por nós . . . como *foraclusão* do significante. No ponto em que . . . é chamado o Nome-do-Pai, pode responder no Outro um puro e simples furo,

12 No trabalho "Do desvio sexual à perversão de transferência", trato detalhadamente da modalidade de transferência verificada na clínica da perversão (Ferraz, 2023).

o qual, pela carência do efeito metafórico, provocará um furo correspondente do lugar da significação fálica" (p. 564).

No Seminário 3, sobre as psicoses (Lacan, 1955-1956/1985), o sujeito já aparece como uma espécie de estrutura porosa que, ao falar, na verdade "é falado" pelo outro. Lacan toma o caso de Schreber, cuja mente é parasitada por Deus e pelo médico Flechsig, para demonstrar a dramática sujeição ao outro na psicose. Mas, no fim das contas, acaba também por trazer para a metapsicologia, como contribuição fundamental, a generalização do inconsciente na condição de *outro*, por princípio.[13]

M. Klein (1946/1986), a partir da clínica da psicose infantil, aporta à psicanálise o conceito de *identificação projetiva*, que passa a ser um operador teórico-clínico seminal para essa clínica e que também lança luz sobre aspectos da clínica em geral. Esse modo de comunicação primitiva, representado pela identificação projetiva, exigirá da psicanálise uma série de rearranjos, inclusive em sua relação com a teoria da linguagem. Bion (1955/1986) denuncia que uma das dificuldades dos analistas na compreensão do discurso do psicótico decorria da adoção de uma concepção agostiniana de linguagem, baseada na significação, ou seja, na semântica. Para ele, a teoria de Wittgenstein (1953/1975), na qual a linguagem é tomada em função de seus usos, é mais profícua para o avanço da psicanálise rumo à clínica da psicose. A concepção de linguagem como *ação* supera, então, seu entendimento como veículo da significação. Ora, para uma clínica que trata exatamente do sujeito que, na ontogênese, foi excluído do domínio da simbolização, essa concepção de linguagem cai como uma luva.[14] Além do mais, os atos de fala do

13 A foraclusão é o tema do Capítulo 3, "A foraclusão e a radicalidade da experiência psicótica".

14 A contribuição para a psicanálise da filosofia da linguagem inaugurada por L. Wittgenstein é mais extensa. J. L. Austin (1962/1990), por exemplo, ao tratar das dimensões da linguagem, fala de sua função *perlocutória* (ao lado da

paciente psicótico, como percebeu Bion, representam muito mais uma descarga do que uma expressão.

Com a constatação de que a linguagem do psicótico não pode, em larga medida, veicular uma significação, a contratransferência viria a consolidar seu papel de dispositivo clínico necessário, deixando de ser considerada apenas um problema para o analista. Ademais, como se dá em todos os sujeitos, nem toda a experiência psíquica é passível de se expressar por meio da discursividade.[15] Essa asserção amplia ainda mais o lugar das reações contratransferenciais do analista como *locus*, por excelência, para a apreensão das experiências do analisando que não podem passar pelo funil da linguagem e, dessa forma, só encontram na identificação projetiva o meio de se manifestarem.[16]

Outro avanço da clínica pós-freudiana se deu em relação à perversão.[17] Até não muito tempo atrás, o perverso era tido como inanalisável, ou então como alguém desinteressado da análise, uma vez que seu sintoma coincidia com a obtenção do prazer sexual, ao contrário do neurótico, cuja vida sexual é limitada pelo recalcamento. Entretanto, a compreensão do mecanismo da *recusa* (*Verleugnung*), articulado à modalidade de transferência que enseja, abriu o caminho para uma clínica da perversão, superando a

---

locutória e da *ilocutória*), que faz com que se alterem os estados do receptor de uma fala. Isso amplia sobremaneira o horizonte da concepção da linguagem nas patologias não neuróticas em geral. J. F. Costa (1994) expõe minuciosamente o potencial do pensamento de outros autores alinhados à *pragmática da linguagem* para a revisão da relação da psicanálise com a teoria linguística.

15 A filósofa Susanne K. Langer (1942/1989), ao fazer uma consideração como essa, acaba por colocar sua filosofia da linguagem como uma profícua fonte de inspiração para a psicanálise.

16 A contratransferência, em particular em sua relação com a limitação da expressão verbal do analisando, é objeto do Capítulo 5, "Limites da discursividade e contratransferência".

17 Este é o tema do Capítulo 2, "A pulsão de morte na perversão".

descrição inicial dessa formação psicopatológica simplesmente por meio do sintoma que incide sobre a vida sexual. Para além da interpretação, o enfrentamento da postura de desafio assumida pelo analisando em relação ao analista, que caracteriza esse modo de transferência, deu forma a um método que, sem abandonar a interpretação, desloca a ênfase para o enquadre, do modo como se dá, aliás, na clínica do *borderline*. Além da ampliação teórico-clínica requerida por essa clínica, é certo que remanejamentos conceituais no campo da ética da psicanálise se fizeram necessários.[18] A abordagem analítica da perversão floresceu tanto no campo kleiniano (Meltzer, 1979) como no lacaniano (Clavreul, 1990). Em ambos aparecem descrições muito semelhantes da *perversão de transferência*, a despeito das diferentes referências teóricas.[19]

Por fim, outra expansão da clínica se verificou no desenvolvimento de uma psicossomática estritamente psicanalítica, surgida por meio do trabalho de P. Marty e colaboradores nos anos 1950, que deu as bases para a fundação do Instituto de Psicossomática de Paris (IPSO). Essa empreitada merece um exame mais cuidadoso sob o ponto de vista epistemológico, uma vez que recoloca o corpo somático no âmbito da psicanálise, repatriando-o após sua exclusão.

Graças à formulação de alguns conceitos essenciais, notadamente o de *pensamento operatório* (Marty & M'Uzan, 1962),[20] o campo relegado desde Freud (1895/1981a) às *neuroses atuais* foi retomado pela psicanálise.[21] Nesse caso, foi necessário incluir os

---

18 Destaco esse problema da ética na clínica da perversão no último capítulo do livro *Perversão* (Ferraz, 2017).

19 R. H. Etchegoyen (2002) cunhou a expressão "perversão de transferência" baseando-se nos trabalhos desses dois autores.

20 Poderíamos acrescentar ainda os conceitos de *depressão essencial* e *desorganização progressiva*.

21 No trabalho "Das neuroses atuais à psicossomática", faço um relato detalhado do estabelecimento de uma psicossomática psicanalítica fundamentado na noção freudiana das neuroses atuais (Ferraz, 2024a).

elementos residuais do processo de apoio (*Anlehnung*), responsáveis por sintomas como as somatizações e o pânico, no espectro da clínica psicanalítica, formações que, hoje em dia, recobrem *grosso modo* a área nosográfica dos antigos diagnósticos de *neurastenia* e *neurose de angústia*, as duas modalidades das *neuroses atuais* (Freud, 1895/1981a). Essas manifestações sintomáticas incidem sobre o corpo somático, à diferença das formações simbólicas como a histeria e a neurose obsessiva. Por essa razão, saíram do foco da psicanálise quando Freud passou a se dedicar ao tratamento das histéricas e à interpretação dos sonhos.

A somatização atinge o "grão de areia" que permanece no "centro da pérola", na bela metáfora de Freud (1917/1981p) para distinguir o fenômeno somático, que se dá sobre o corpo real, do sintoma neurótico, que é simbólico e atinge, desse modo, o corpo erógeno.[22] Segundo Aisenstein e Smadja (2003),

> *Depois de 1920, as neuroses atuais saem de sua latência teórica e são repensadas por Freud numa perspectiva econômica e se integram conceitualmente a uma introdução além do princípio do prazer. Hoje não há mais dúvida de que a neurose atual contém, na sua organização, uma dimensão traumática e que a destrutividade interna é obra dos mecanismos interruptivos, que privam o tecido mental de uma parte de suas pulsões eróticas. (p. 413)*

---

22 No trabalho "A tortuosa trajetória do corpo na psicanálise", proponho que a razão pela qual apenas tardiamente as somatizações passaram a ser abordadas como tema próprio da psicanálise foi o fato de o corpo ter sido tomado como um "resto" da operação do apoio (*Anlehnung*), ficando assim relegado à condição de resto na ontogênese e, consequentemente, resto na teoria (Ferraz, 2024b).

Um desafio epistemológico, portanto, está na repatriação do corpo somático sem que isso resulte num retrocesso na definição do objeto da psicanálise. Se tal objeto, a partir do recorte epistêmico que discutimos anteriormente, deve se situar no plano pulsional, então é no corpo erógeno, erigido pela sedução primária, que o encontraremos. Mas, paradoxalmente, na neurose atual é o próprio corpo erógeno que se constitui de modo falho, correlativamente ao déficit da capacidade simbólica e do funcionamento onírico. É exatamente em razão desse déficit que o corpo somático permanece desguarnecido, tornando-se alvo das moções pulsionais destrutivas. Como teoriza M'Uzan (2003), a pulsão de morte, nesse caso, só pode ser entendida como um *dispositivo antirrepresentacional*, que vem a ser o *fator atual* que Freud (1895/1981a) entrevia nas neuroses atuais.

Mantendo a demarcação epistêmica, portanto, o objeto permanece em seu lugar no interior da teoria. Mas algo interessante se dá na clínica das neuroses atuais, que exige alguma destreza do analista. Certamente, o objeto abordado não será o biológico; a psicossomática psicanalítica não é um ramo da medicina.[23] Mas a clínica exigirá alguns remanejamentos na *Versagung*, sem derivar para a satisfação da demanda. Uma vez que uma fragilidade no corpo real se evidencia, o risco somático deve ser levado em conta, o que desaconselha intervenções que produzam um grau de excitação psíquica de impossível ou difícil elaboração. Além desse cuidado, a própria densidade simbólica, sendo precária, exigirá um manejo clínico que não solicite o sujeito no plano metafórico, simplesmente por redundar em uma operação inócua.

---

23 Uma determinada corrente da psicossomática, desenvolvida por Franz Alexander, entre outros, na Escola de Chicago, quis que sua disciplina fosse uma *medicina psicossomática*, ainda que seus expoentes fossem psicanalistas (cf. Alexander, 1989).

Assim, a atividade interpretativa deve ser revista, em favor do emprego de dispositivos de para-excitação. P. Marty (1993), por exemplo, recomenda que, em vez de se interpretarem os sonhos (aliás, pouco frequentes e pouco elaborados), se estimule o paciente a prestar atenção em um sonho que porventura traga à sessão, e talvez mobilizar algum interesse por ele. C. Dejours (1991) chega a postular uma modalidade de transferência radical que, em princípio, sugere a mais absoluta ausência de transferência. Trata-se da *mineralização* de transferência, mecanismo pelo qual, nas antípodas da histeria, o paciente se mantém sem nenhuma ressonância afetiva no contato com o analista. Transferência que, certamente, é refratária à interpretação.

Em suma, no caso particular da psicossomática, a técnica se altera, mas sem que o objeto seja cancelado. A clínica trabalha, assim, no plano de uma certa negatividade: onde estaria o corpo erógeno na análise-padrão está o corpo desafetado, privado do gesto espontâneo ou agir expressivo. Mas é nessa falha que a visada clínica insiste em permanecer. Onde se tinha como alvo o produto psíquico do apoio, tem-se a própria falha do processo de apoio[24] como escopo. Onde se analisava o mundo simbólico do sujeito, busca-se propiciar condições de simbolização, e assim por diante.

Para finalizar, gostaria de reiterar que não fiz um levantamento exaustivo dos desafios que se colocaram historicamente para a epistemologia da clínica. E lembrar que, certamente, eles jamais deixarão de aparecer, uma vez que decorrem de questionamentos que vão se tornando possíveis apenas com a natural evolução da *Weltanschauung*. As mudanças socioculturais marcadas por conquistas como a emancipação da mulher, a afirmação da homossexualidade e da transexualidade como condições não patológicas, a

24 Dejours (1991) fala, nesse caso, em falha na *subversão libidinal*, expressão que esclarece melhor a natureza do processo.

ampliação da definição de gêneros, a legitimação de novas configurações familiares, a igualdade de direitos, o combate ao racismo, além daquelas que ainda nem sequer podemos imaginar, continuarão a exigir que a psicanálise se pronuncie. Mas, se os analistas tiverem a possibilidade de se ater ao núcleo mesmo da metapsicologia, com suas invariantes no tempo-espaço, a psicanálise poderá se manter como instrumento de valor para a clínica de todo sofrimento psíquico. Até porque esse núcleo, além de imune à saturação por referentes culturais datados, é essencialmente não normativo. Desse modo, a psicanálise saberá responder a seus novos detratores, que hoje a submetem à inquisição ideológica, fazendo coro aos ignaros ou mal-intencionados que já se encarregavam da inquisição epistemológica.

Desafios epistemológicos na transmissão

A transmissão da psicanálise, que, em geral, fica a cargo de institutos encarregados da formação de psicanalistas, merece uma particular reflexão, uma vez que se diferencia do ensino das demais disciplinas em razão da peculiaridade de seu objeto, como procurei demonstrar até aqui. Para fins de organização da argumentação, dividirei esta exposição de acordo com os três aspectos que, tradicionalmente, compõem o chamado *tripé* da formação: a análise do analista, o estudo teórico e a supervisão; tomarei a liberdade de abordar ainda o que seria um quarto aspecto, que é a vida institucional.[25]

Começando pela análise, é interessante como Freud, ao mencioná-la como parte necessária da formação do analista, já põe em evidência o caráter único desse ofício. À diferença de outras práticas profissionais, o analista tem como instrumento seu próprio

---

25 Um exame do tripé da formação psicanalítica se encontra no Capítulo 6, "Particularidades da formação do analista".

aparelho psíquico, que não coincide exatamente com sua função cognitiva – que comporta a inteligência e os conhecimentos que internaliza –, mas envolve sobretudo seu inconsciente. Daí a necessidade de um trabalho de formação que abarque o plano supraintelecutal da pessoa do analista. Freud (1912/1981i), nas "Recomendações aos médicos que exercem a psicanálise", afirma:

> *[O analista] deve voltar seu próprio inconsciente, como um órgão receptor, na direção do inconsciente transmissor do paciente. Deve ajustar-se ao paciente como um receptor telefônico se ajusta ao microfone transmissor. Assim como o receptor transforma de novo em ondas sonoras as oscilações elétricas na linha telefônica, que foram criadas por ondas sonoras, da mesma maneira o inconsciente do médico é capaz, a partir dos derivados do inconsciente, que lhe são comunicados, de reconstruir esse inconsciente, que determinou as associações livres do paciente. (p. 154)*

E como se preparar para essa tarefa tão *sui generis*? Prossegue Freud:

> *Mas se o médico quiser estar em posição de utilizar seu inconsciente desse modo, como um instrumento da análise, deve ele próprio preencher determinada condição psicológica em alto grau. Ele não pode tolerar quaisquer resistências em si próprio que ocultem de sua consciência o que foi percebido pelo inconsciente. . . . Não basta para isso que ele próprio seja uma pessoa aproximadamente normal. Deve-se insistir, antes, que tenha passado por uma purificação psicanalítica e ficado ciente daqueles complexos seus que poderiam interferir na compreensão do que o paciente lhe diz.*

> *Não pode haver dúvida sobre o efeito desqualificante de tais defeitos no médico; toda repressão não solucionada nele constitui o que foi apropriadamente descrito por Stekel como um "ponto cego" em sua percepção analítica. (pp. 154-155)*

Essa peculiaridade do ofício do analista – o emprego instrumental de seu inconsciente – levou, desde cedo, à constatação não só da necessidade da análise do analista em seu processo de formação, mas até mesmo de seu papel central nesse percurso. Nas sociedades psicanalíticas filiadas à Associação Psicanalítica Internacional (IPA), o problema foi resolvido com a obrigatoriedade da *análise didática*, conduzida por analistas licenciados para conduzi-la.[26] Mas sua necessidade é reconhecida por toda instituição formadora que se preze, constituindo uma das unanimidades do mundo psicanalítico. De acordo com o argumento de Freud, jamais contestado, apenas a passagem por uma análise pessoal permite ao analista alguma capacidade de discriminação entre seus próprios "complexos" e os do analisando. Acrescente-se que, por meio da análise, ele se torna psiquicamente mais livre para exercer a abstinência e a neutralidade, imprescindíveis para o sucesso de sua prática. Além do mais, o *insight* sobre a essência da transferência não ocorre por meio do aprendizado teórico; sua condição de possibilidade reside na experiência de ser seu agente na situação analítica. Por fim, é na análise que se elabora o narcisismo do analista, que, investido como objeto idealizado por meio da transferência de seu analisando, aprende a não tomar para sua pessoa as moções de que é alvo. Isso vale para sua exposição tanto à transferência positiva quanto à negativa.

---

26 A polêmica sobre os problemas intrínsecos à análise didática é apresentada no Capítulo 6, "Particularidades da formação do analista".

Outra consideração deve ser feita, referente à contratransferência. A posição do analista diante do analisando inevitavelmente o expõe à condição de objeto da transferência. Essa situação desencadeia reações contratransferenciais que requerem clareza quanto a seu reconhecimento como algo de fato desencadeado por tal condição. É preciso ser capaz de diferenciar, dentro do possível, *reação contratransferencial* de *transferência do analista,* produto de seu desejo. *Ponto cego*, assim, significa o limite da capacidade de discriminação.

O risco de uma indiscriminação levou, na história das escolas psicanalíticas, a posições contrárias ao uso da contratransferência como instrumento clínico, como se dá no meio lacaniano.[27] Em oposição a esse modo de pensar, em outras escolas, particularmente entre os kleinianos e os sucedâneos bionianos e winnicottianos, o emprego das reações contratransferenciais não só foi legitimado como instrumento, como até mesmo passou a ser considerado um meio privilegiado de acesso ao mundo psíquico dos analisandos,[28] particularmente quando se trata de pacientes graves ou fortemente regredidos, que empregam a identificação projetiva como meio por excelência de comunicação.

Em relação ao estudo teórico na formação do analista, o primeiro ponto que me ocorre abordar é seu estatuto, que deve ser diferenciado do acadêmico. Essa é a razão pela qual assistimos, às vezes, à prática equivocada de uma suposta formação de analistas apenas por meio do estudo universitário. A leitura de Freud no processo de formação é fundamental para que se conheça a construção do saber analítico em sua experiência primordial e fundante: cada análise particular conduzida por um analista recapitula a experiência dessa construção, quando clínica e teoria se entrelaçam

---

27 Cf. Lacan (1960-1961/1992) e Nasio (1999).

28 Cf. Heimann (1950), Bion (1955/1986) e Bollas (1992).

inextrincavelmente, sendo uma a condição de desenvolvimento da outra.

Mas a leitura de Freud e dos demais autores seminais da psicanálise, no contexto da formação, não é exegética como aquela feita pelo acadêmico que encara o texto como obra filosófica, que tem por objetivo o encaminhamento de uma tese. Não que essa leitura não tenha valor; muito pelo contrário, a exploração dos textos psicanalíticos por teóricos das ciências humanas tem aportado à psicanálise precisão e sofisticação que enriquecem sobremaneira o horizonte do psicanalista. Mas a leitura na formação de um analista clínico tem outra perspectiva: busca acompanhar o que há de descoberta analítica em cada texto, em cada conceito. Acrescento: não há incompatibilidade entre os dois modos de leitura. Apenas há que se ter clareza quanto ao lugar e à especificidade de cada um.

Essa especificidade do lugar da teoria na psicanálise clínica levanta outro problema a ser enfrentado no desafio da transmissão. Pode ser formulado pela pergunta: qual o lugar da teoria na tarefa de escuta que se dá no interior de uma situação analítica? A resposta convoca outra peculiaridade da psicanálise em relação às demais disciplinas, que podemos expressar por meio de um paradoxo: o domínio da teoria é fundamental e imprescindível para o analista, não havendo um ato analítico sequer que não se respalde na metapsicologia; ao mesmo tempo, um uso defensivo da teoria pode impregnar sua mente e, desse modo, funcionar como fator de saturação que limite sua capacidade de atenção flutuante. Então, como dizia Winnicott, fiquemos com o paradoxo. Quanto mais conhecimento teórico se tiver, melhor, e quanto mais a teoria for "esquecida" durante a situação de escuta, melhor ainda.

O lugar da teoria, portanto, é o de introjeto que se estabelece com naturalidade na mente do analista. Cumpre, destarte, uma dupla função: dá o suporte intelectual (epistemológico) para uma concepção específica do que é escutado, ao mesmo tempo que funciona como um terceiro para a dupla analítica, evitando o estabelecimento de uma situação dual, que seria, essencialmente, de não castração. Mais uma vez tocamos na especificidade do trato com a teoria na formação psicanalítica, que é seu posicionamento como um operador que tenha função analítica, e não apenas informativa.

O objeto da psicanálise, como discutimos anteriormente, é algo bastante específico e peculiar, cuja teorização precisou de significativos avanços na filosofia da ciência para que fosse adequadamente consolidada. Assim, não é de estranhar que seu ensino no processo de formação exija um esforço particular do formador, com a recíproca abertura intelectual do analista em formação. Afinal, há que se refazer, em cada um, o caminho de sua elaboração no plano da teoria da ciência. Contudo, assistimos a muitos preconceitos quanto à teoria. Chegamos a ouvir, por vezes, que o "excesso de teoria" constitui um obstáculo para a qualidade do ofício clínico. Como se a clínica pudesse ser exercida sem o devido rigor conceitual, que é exatamente o que faz com que as comunicações que se dão na relação entre analista e analisando sejam tomadas na acepção de um *jogo de linguagem* (Wittgenstein, 1953/1975) específico, diferente de todos os outros. Se a teoria atua como um elemento obturador para a mente do analista na situação de escuta, só pode ser em decorrência de um uso defensivo que dela está sendo feito.

O estudo do texto de Freud, bem como dos analistas que criaram os grandes sistemas psicanalíticos, deve, portanto, contemplar a perspectiva histórico-epistemológica que os alicerça. O objeto da psicanálise, situado no percurso de sua consolidação, há que ser apreendido e discutido, não por exigência de erudição, mas pela clareza que apenas sua compreensão pode trazer para sua recapitulação em cada análise particular. Isso quer dizer, sim, que cada analista é um metapsicólogo e um epistemólogo singular. E que, como afirma Laplanche (1992), cada processo analítico refaz a experiência freudiana fundante. Se não há uma lucidez rigorosa na concepção do objeto, não poderá haver um fazer clínico observante do recorte da *Versagung*.

Da mesma maneira como o objeto da psicanálise (o *psíquico*) enfrentou, para se consolidar, o obstáculo representado pelo pensamento epistemológico dominante, moldado pelas ciências duras (cujo objeto era o *natural*), também em cada um que se aventura na formação psicanalítica esse obstáculo tem que ser ultrapassado. Isso requer um trabalho de *subversão do pensamento convencional*,[29] visto que somos induzidos, em toda a nossa educação precedente, a conceber uma espécie de universalidade do pensamento científico em sua matriz primordial, própria da *Naturwissenschaft*. Como diz J. L. Ahumada (1999), psicanalista e epistemólogo argentino, com acuidade cortante: "Posto que a maioria das pessoas pensa a ciência no nível dos textos do secundário,[30] a busca de certezas empíricas continua sendo o ponto de vista dominante" (p. 343).

Mezan (2002) aprofunda essa constatação crítica, situando as raízes do problema na história da filosofia das ciências. Recorrendo a G. Bachelard, começa por mostrar que todo conhecimento científico "não é *prolongamento* nem *refinamento* do conhecimento comum, mas, ao contrário, é inaugurado por *uma ruptura* com a forma habitual de conhecer" (p. 475). Daí seu caráter de estranheza para o senso comum. A seguir, fala da dificuldade, ainda maior, da apreensão do objeto da psicanálise, em virtude não só de sua natureza, mas também da peculiaridade da condição de seu acesso:

> *A versão psicanalítica desses princípios bachelardianos se encontra naquilo que nos é mais familiar: o* setting. *Os fenômenos dos quais a psicanálise se ocupa, os*

---

29 Esse ponto é explorado no Capítulo 7, "Transmissão via inconsciente".

30 Que atualmente abarcaria parte do Ensino Fundamental II e o Ensino Médio.

> *fenômenos inconscientes, estão presentes em toda parte, mas não são alcançáveis pelo senso comum. É preciso uma ruptura com as condições do senso comum, representada de saída pela disposição física dos protagonistas. (p. 476)*

Quanto à afirmação de que todo psicanalista é um metapsicólogo e um epistemólogo, quero situar a fonte que me induziu a tal assertiva numa passagem de Freud (1912/1981i), no já citado trabalho "Recomendações aos médicos que exercem a psicanálise". Ali ele diz que seus conselhos técnicos são pessoais, adequados a sua forma particular de trabalhar. E que cada analista certamente elegerá o modo que lhe seja mais ajustado para o exercício de seu ofício, montando sua própria "caixa de ferramentas" conceitual e técnica. Ora, sem se estender sobre a potencialidade de uma afirmação seminal como essa, ele nos legou, todavia, uma importante tarefa, de incidência essencial no trabalho com a formação de analistas.

Refiro-me ao ideal de que cada analista se construa, em sua singularidade, como portador de um estilo próprio e único, sem com isso deixar de observar os pontos *inegociáveis*[31] da psicanálise, fiadores da manutenção de seu estatuto e sua coesão como disciplina que possa continuar a ser chamada por seu nome, a despeito de todas as divergências entre as escolas. A adesão acrítica e mimética a uma escola ou autor específico, numa postura de ortodoxia ou sectarismo, é condição suficiente para solapar toda criatividade. Para não dizer que o apego a um único modo de pensar a psicanálise como expressão irretocável da verdade acarreta, no mínimo, uma privação intelectual lamentável.

31 Expressão usada por A. M. Sigal (2016) para falar dos denominadores comuns da psicanálise, necessariamente presentes nas diversas escolas, a despeito de todas as diferenças teóricas.

Sabe-se à exaustão que cada um dos sistemas teóricos pós-freudianos surgiu a partir de uma matriz clínica específica, de modo que nenhum deles tem a capacidade de recobrir todo o campo dos fenômenos psíquicos e clínicos.[32] Só isso já seria uma boa razão para nos despertar a curiosidade em relação aos principais referenciais teóricos da psicanálise. Não é incomum que um analisando nos mobilize para os recursos presentes no pensamento de determinado autor, e outro nos desperte para a obra de um autor oficialmente pertencente a uma escola distinta daquela do primeiro, vistas até mesmo como irreconciliáveis. Com isso, quero afirmar exatamente que cada sistema teórico abarca uma área que se recorta dentro do campo mais amplo da psicopatologia e da clínica.

Defendo, portanto, uma formação psicanalítica que, primeiramente, tenha como base a leitura primordial de Freud, na busca de se refazer seu percurso fundador e fundante,[33] sem cometer aventuras frágeis, do ponto de vista epistemológico, como a eleição de um autor pós-freudiano como referencial exclusivo despojada do estudo rigoroso da obra de Freud, em toda a sua extensão, sem a qual os conceitos ulteriores ficam órfãos, privados de fundamentação. Essa costuma ser uma armadilha eficaz para a captura de toda sorte de adeptos que se faz por meio da doutrinação sectária. Não convém a uma formação psicanalítica restringir-se a um modo de educação escolástica, cujo objetivo seja moldar um analista para que, defensivamente, aprenda a se proteger atrás de um sufixo "ano" qualquer (lacaniano, kleiniano, bioniano, winnicottiano etc.), que lhe fornecerá o uniforme do exército do qual passará a ser combatente numa guerra entre escolas. S. L. Alonso (2001), utilizando o termo "construção" do analista, em vez de "formação",

32 Cf. Mezan (1998).

33 Essa é a posição predominante da formação psicanalítica que se pratica no Curso de Psicanálise do Departamento de Psicanálise do Instituto Sedes Sapientiae, de São Paulo, do qual sou membro.

alerta para o risco que essa realidade representa para a conquista da capacidade de pensamento próprio, que pode resultar em uma estereotipia avessa aos próprios objetivos e princípios analíticos, quando um analista se põe a papaguear aforismas.

Quando me refiro à "caixa de ferramentas" a ser construída por todo analista singular, evidentemente não estou alheio ao risco do ecletismo, que vem a ser a adoção acrítica de elementos isolados de cada um dos sistemas teóricos psicanalíticos, efetuada de modo idiossincrático e inconsistente sob o ponto de vista epistemológico. Assim, apenas o rigor no trato com a epistemologia possibilita a criação de um sistema teórico pessoal que se possa alçar à condição legítima de metapsicologia. Para tanto, não se pode tomar isoladamente um determinado aspecto de um sistema teórico, associando-o inadvertidamente a outro, produzido em outro sistema. Mais uma razão para justificar a premissa de que cada analista é um epistemólogo, condição para que seja também um metapsicólogo. Se não se dominam as bases epistemológicas da obra dos autores "fundadores de escola", não se podem eleger, em cada um deles, elementos passíveis de convívio num sistema teórico pessoal ulteriormente formulado. Apenas uma formação rigorosa no esclarecimento das linhas de evolução histórico-epistemológicas da psicanálise[34] permitirá a construção do analista singular, cujas escolhas teóricas sejam consistentes. Afinal, a adoção de um dispositivo técnico há que ser coerente com o elemento de uma teoria do sujeito que lhe corresponda. Aliás, é a observância desse princípio que explica por que os diversos sistemas psicanalíticos têm, cada um, sua eficácia clínica.

Green foi um autor que levantou a bandeira da necessidade de superação das posições ortodoxas na psicanálise, defendendo a

---

34 Um exemplo desse procedimento é o trabalho realizado por Mezan (2014) no livro *O tronco e os ramos: estudos de história da psicanálise*.

formulação do que seria um novo paradigma, da psicanálise "pós-escolas". Lembro também que J. McDougall (1983) já adotava, desde a década de 1970, um procedimento metodológico que levava em consideração autores de todas as correntes psicanalíticas (Ferenczi, Klein, Winnicott, Bion, Kohut, Lacan, Stoller, Marty etc.), com o auxílio dos quais deixou uma obra que reflete um pensamento próprio, rico, criativo e absolutamente coerente sob o crivo epistemológico.

Por fim, faço algumas considerações sobre a supervisão no processo de transmissão da psicanálise. Ela representa, de certo modo, o cruzamento do eixo analítico com o epistemológico, por cuidar de refletir a respeito do efeito da transferência sobre o analista em sua tensão com a observância do recorte epistemológico, efetuado por meio da *Versagung*, que determina o objeto da interpretação. Permite situar a incidência da contratransferência e avaliar o modo como a ela se reage, aclarando aquilo que, no calor da escuta, pode ultrapassar as condições de discriminação do analista, quando sua economia narcísica se vê solicitada. Nessa mesma linha, pode explorar as imagens que o trabalho de figurabilidade faz surgirem na mente do analista, tomando-as como fenômeno contratransferencial que amplia a apreensão do mundo psíquico do analisando, especialmente quando configuram uma resposta à identificação projetiva.[35]

A supervisão, assim, se situa a meio-termo entre análise e reflexão teórica, não coincidindo com nenhuma delas. Não é nem deve ser análise, o que não a impede de produzir efeitos analíticos. Nem se configura como lugar de aprendizado ou treinamento *stricto sensu*, mas de experiência reflexiva sobre a situação analítica

35 L. Dallazen (2020) postula que a perlaboração da contratransferência é parte essencial da função analítica, sendo a figurabilidade um dispositivo clínico essencial no reconhecimento da identificação projetiva.

em que os inconscientes, tanto do analisando quanto do analista, são atores. Assim, não lhe cabe o papel de supereu técnico, a exigir fidelidade à teoria, ao supervisor ou à instituição. Não é uma situação de avaliação sobre o que é certo e errado na condução da clínica, embora comporte a avaliação dos efeitos das intervenções do analista sobre o analisando, bem como da transferência do analisando sobre o analista.

Uma função fundamental da supervisão é seu posicionamento no lugar de terceiro. Segundo Fuks (2019),

> *A supervisão . . . se constitui como instrumento fundamental para preservar o lugar do terceiro no processo de análise. Essa necessidade fica clara na situação do par analisando/analista, não só pela escuta de impasses que percebemos em determinada situação ou caso clínico, mas principalmente pela escuta de impasses despercebidos por nós, os quais nos escapam quando a transferência nos envolve. O lugar do terceiro é importante em relação a esse par e, também, em relação à tendência à identificação com seu próprio analista. (p. 278)*

As instituições psicanalíticas, como lugares de formação e pertencimento, também cumprem o papel de terceiro do analista, combinando-o com o oferecimento da continência grupal necessária. Amparam-no na tarefa solitária de expor-se à transferência na clínica. A meu ver, são fundamentais para o ofício peculiar da psicanálise, desde que se atente para o risco do estabelecimento de vínculos dogmáticos que podem ter como corolário a alienação.

Referências

Ahumada, J. L. (1999). *Descobertas e refutações: a lógica do método psicanalítico*. Imago.

Aisenstein, M., & Smadja, C. (2003). A psicossomática como corrente essencial da psicanálise contemporânea. In A. Green (Org.), *Psicanálise contemporânea* (pp. 407-419). Imago/SBPSP.

Alexander, F. (1989). *Medicina psicossomática*. Artes Médicas.

Alonso, S. (2001). A construção do analista. *Percurso*, *14*(27), 127--138.

Assoun, P.-L. (1983). *Introdução à epistemologia freudiana*. Imago.

Austin, J. L. (1990). *Quando dizer é fazer: palavras e ação*. Artes Médicas. (Trabalho original publicado em 1962).

Bion, W. R. (1986). A linguagem e o esquizofrênico. In M. Klein, P. Heimann, & R. E. Money-Kyrle (Orgs.), *Novas tendências na psicanálise* (pp. 231-252). Guanabara. (Trabalho original publicado em 1955).

Bion, W. R. (1988). *Estudos psicanalíticos revisados*. Imago. (Trabalho original publicado em 1967).

Bollas, C. (1992). *A sombra do objeto: psicanálise do conhecido não pensado*. Imago.

Breuer, J., & Freud, S. (1981). Estudos sobre a histeria. In S. Freud, *Edição standard brasileira das obras psicológicas completas de Sigmund Freud* (Vol. II, pp. 13-370). Imago. (Trabalho original publicado em 1895).

Clavreul, J. (1990). O casal perverso. In J. Clavreul et al., *O desejo e a perversão* (pp. 9-49). Papirus.

Costa, J. F. (1994). Pragmática e processo analítico: Freud, Wittgenstein, Davidson, Rorty. In J. F. Costa (Org.), *Redescrições da psicanálise: ensaios pragmáticos* (pp. 9-60). Relume-Dumará.

Dallazen, L. (2020). *A perlaboração da contratransferência: a alucinação do psicanalista como recurso das construções em análise*. Blucher.

Dejours, C. (1991). *Repressão e subversão em psicossomática: pesquisas psicanalíticas sobre o corpo*. Jorge Zahar.

Dor, J. (1988). *L'a-scientificité de la psychanalyse: l'aliénation de la psychanalyse*. Éditions Universitaires.

Etchegoyen, R. H. (2002). Perversión de transferencia: aspectos teóricos y técnicos. In R. J. Moguillansky (Org.), *Escritos clínicos sobre perversiones y adicciones* (pp. 73-110). Lumen.

Ferraz, F. (2017). *Perversão*. Pearson Clinical Brasil.

Ferraz, F. (2023). Do desvio sexual à perversão de transferência. In F. Ferraz, *Tempo e ato na perversão: ensaios psicanalíticos I* (pp. 17-50). Blucher.

Ferraz, F. (2024a). Das neuroses atuais à psicossomática. In F. Ferraz, *Corpo, sonho, palavra: ensaios psicanalíticos II* (pp. 17-34). Blucher.

Ferraz, F. (2024b). A tortuosa trajetória do corpo na psicanálise. In F. Ferraz, *Corpo, sonho, palavra: ensaios psicanalíticos II* (pp. 35-53). Blucher.

Ferraz, F. (2024c). *A eternidade da maçã: Freud e a ética*. Blucher.

Freud, S. (1981a). Sobre os critérios para destacar da neurastenia uma síndrome intitulada "neurose de angústia". In S. Freud, *Edição standard brasileira das obras psicológicas completas de Sigmund Freud* (Vol. III, pp. 103-135). Imago. (Trabalho original publicado em 1895).

Freud, S. (1981b). Projeto para uma psicologia científica. In S. Freud, *Edição standard brasileira das obras psicológicas completas de Sigmund Freud* (Vol. I, pp. 381-511). Imago. (Trabalho original publicado em 1895).

Freud, S. (1981c). Três ensaios sobre a teoria da sexualidade. In S. Freud, *Edição standard brasileira das obras psicológicas completas de Sigmund Freud* (Vol. VI, pp. 123-252). Imago. (Trabalho original publicado em 1905).

Freud, S. (1981d). Sobre a psicoterapia. In S. Freud, *Edição standard brasileira das obras psicológicas completas de Sigmund Freud* (Vol. VII, pp. 263-278). Imago. (Trabalho original publicado em 1905).

Freud, S. (1981e). Tratamento psíquico (ou mental). In S. Freud, *Edição standard brasileira das obras psicológicas completas de Sigmund Freud* (Vol. VII, pp. 293-316). Imago. (Trabalho original publicado em 1905).

Freud, S. (1981f). Notas psicanalíticas sobre um relato autobiográfico de um caso de paranoia (*Dementia paranoides*). In S. Freud, *Edição standard brasileira das obras psicológicas completas de Sigmund Freud* (Vol. XII, pp. 23-105). Imago. (Trabalho original publicado em 1911).

Freud, S. (1981g). O manejo da interpretação dos sonhos na psicanálise. In S. Freud, *Edição standard brasileira das obras psicológicas completas de Sigmund Freud* (Vol. XII, pp. 119-127). Imago. (Trabalho original publicado em 1911).

Freud, S. (1981h). A dinâmica da transferência. In S. Freud, *Edição standard brasileira das obras psicológicas completas de Sigmund Freud* (Vol. XII, pp. 131-143). Imago. (Trabalho original publicado em 1912).

Freud, S. (1981i). Recomendações aos médicos que exercem a psicanálise. In S. Freud, *Edição standard brasileira das obras psicológicas completas de Sigmund Freud* (Vol. XII, pp. 147-159). Imago. (Trabalho original publicado em 1912).

Freud, S. (1981j). Sobre o início do tratamento (Novas recomendações sobre a técnica da psicanálise I). In S. Freud, *Edição standard brasileira das obras psicológicas completas de Sigmund Freud* (Vol. XII, pp. 163-187). Imago. (Trabalho original publicado em 1913).

Freud, S. (1981k). Recordar, repetir e elaborar (Novas recomendações sobre a técnica da psicanálise II). In S. Freud, *Edição standard brasileira das obras psicológicas completas de Sigmund Freud* (Vol. XII, pp. 191-203). Imago. (Trabalho original publicado em 1914).

Freud, S. (1981l). Sobre o narcisismo: uma introdução. In S. Freud, *Edição standard brasileira das obras psicológicas completas de Sigmund Freud* (Vol. XIV, pp. 85-119). Imago. (Trabalho original publicado em 1914).

Freud, S. (1981m). Observações sobre o amor transferencial (Novas recomendações sobre a técnica da psicanálise III). In S. Freud, *Edição standard brasileira das obras psicológicas completas de Sigmund Freud* (Vol. XII, pp. 207-221). Imago. (Trabalho original publicado em 1915).

Freud, S. (1981n). A pulsão e seus destinos. In S. Freud, *Edição standard brasileira das obras psicológicas completas de Sigmund Freud* (Vol. XIV, pp. 129-162). Imago. (Trabalho original publicado em 1915).

Freud, S. (1981o). Uma dificuldade no caminho da psicanálise. In S. Freud, *Edição standard brasileira das obras psicológicas completas de Sigmund Freud* (Vol. XIII, pp. 169-179). Imago. (Trabalho original publicado em 1917).

Freud, S. (1981p). Conferências introdutórias sobre psicanálise. Conferência XXIV: O estado neurótico comum. In S. Freud, *Edição standard brasileira das obras psicológicas completas de Sigmund Freud* (Vol. XVI, pp. 441-456). Imago. (Trabalho original publicado em 1917).

Freud, S. (1981q). História de uma neurose infantil. In S. Freud, *Edição standard brasileira das obras psicológicas completas de Sigmund Freud* (Vol. XVII, pp. 13-153). Imago. (Trabalho original publicado em 1918).

Freud, S. (1981r). Além do princípio do prazer. In S. Freud, *Edição standard brasileira das obras psicológicas completas de Sigmund Freud* (Vol. XVIII, pp. 13-85). Imago. (Trabalho original publicado em 1920).

Freud, S. (1981s). Dois verbetes de enciclopédia. In S. Freud, *Edição standard brasileira das obras psicológicas completas de Sigmund Freud* (Vol. XVIII, pp. 285-312). Imago. (Trabalho original publicado em 1923).

Freud, S. (1981t). O eu e o isso. In S. Freud, *Edição standard brasileira das obras psicológicas completas de Sigmund Freud* (Vol. XIX, pp. 11-83). Imago. (Trabalho original publicado em 1923).

Freud, S. (1981u). O problema econômico do masoquismo. In S. Freud, *Edição standard brasileira das obras psicológicas completas de Sigmund Freud* (Vol. XIX, pp. 199-216). Imago. (Trabalho original publicado em 1924).

Freud, S. (1981v). A dissolução do complexo de Édipo. In S. Freud, *Edição standard brasileira das obras psicológicas completas de Sigmund Freud* (Vol. XIX, pp. 217-228). Imago. (Trabalho original publicado em 1924).

Freud, S. (1981w). A questão da análise leiga. In S. Freud, *Edição standard brasileira das obras psicológicas completas de Sigmund Freud* (Vol. XX, pp. 205-293). Imago. (Trabalho original publicado em 1926).

Freud, S. (1981x). Fetichismo. In S. Freud, *Edição standard brasileira das obras psicológicas completas de Sigmund Freud* (Vol. XXII, pp. 175-185). Imago. (Trabalho original publicado em 1927).

Freud, S. (1981y). Análise terminável e interminável. In S. Freud, *Edição standard brasileira das obras psicológicas completas de Sigmund Freud* (Vol. XXIII, pp. 247-290). Imago. (Trabalho original publicado em 1937).

Fuks, L. B. (2019). Atualidade da supervisão. In L. B. Fuks, *Narcisismo e vínculos: ensaios reunidos* (pp. 275-283). Artesã.

Green, A. (2003). A crise do entendimento psicanalítico. In A. Green (Org.), *Psicanálise contemporânea* (pp. 477-491). Imago/SBPSP.

Heimann, P. (1950). On counter-transference. *International Journal of Psychoanalysis*, *31*, 81-84.

Klein, M. (1986). Notas sobre alguns mecanismos esquizóides. In M. Klein, P. Heimann, S. Isaacs, & J. Riviere (Orgs.), *Os progressos da psicanálise* (pp. 313-343). Guanabara. (Trabalho original publicado em 1946).

Lacan, J. (1985). *O seminário* (Livro 3: As psicoses). Jorge Zahar. (Trabalho original publicado em 1955-1956).

Lacan, J. (1992). *O seminário* (Livro 8: A transferência). Jorge Zahar. (Trabalho original publicado em 1960-1961).

Lacan J. (1998). *Escritos*. Jorge Zahar. (Trabalho original publicado em 1966).

Langer, S. K. (1989). *Filosofia em nova chave*. Perspectiva. (Trabalho original publicado em 1942).

Laplanche, J. (1992). *Novos fundamentos para a psicanálise*. Martins Fontes.

Laplanche, J. (2015). *Sexual: a sexualidade ampliada no sentido freudiano – 2000-2006*. Dublinense.

Lorenz, K. (1995). *Os fundamentos da etologia*. Unesp.

Macalpine, I. (1950). The development of the transference. *Psychoanalytic Quarterly*, *19*(4), 500-539.

Marty, P. (1993). *A psicossomática do adulto*. Artes Médicas.

Marty, P., & M'Uzan, M. (1962). La pensée opératoire. *Revue Française de Psychanalyse*, *27*, 345-356.

McDougall, J. (1983). *Em defesa de uma certa anormalidade: teoria e clínica psicanalítica*. Artes Médicas.

Meltzer, D. (1979). *Estados sexuais da mente*. Imago.

Mezan, R. (2002). Sobre a epistemologia da psicanálise. In R. Mezan, *Interfaces da psicanálise* (pp. 436-519). Companhia das Letras.

Mezan, R. (2014). *O tronco e os ramos: estudos de história da psicanálise*. Companhia das Letras.

Millot, C. (1987). *Freud antipedagogo*. Zahar.

M'Uzan, M. (2003). No horizonte: "o fator atual". In A. Green (Org.), *Psicanálise contemporânea* (pp. 397-419). Imago/SBPSP.

Nasio, J.-D. (1999). *Como trabalha um psicanalista?* Jorge Zahar.

Ribeiro, P. C. (2010). Identificação passiva e teoria da sedução generalizada de Jean Laplanche. *Percurso*, 22(44), 79-90.

Wittgenstein, L. (1975). Investigações filosóficas. In *Os Pensadores* (pp. 3-222). Abril Cultural. (Trabalho original publicado em 1953).

1. De objeto da pulsão a objeto-fonte da pulsão: um imperativo epistemológico[1]

Tratarei aqui do antigo e persistente problema da chamada *escolha de objeto*, que vem a ser, dito de modo simplificado, a expressão do resultado do processo de identificação sexual dos sujeitos. Por *objeto* entende-se, então, na mais cristalina definição feita por Freud (1905/1981b), "a pessoa de quem procede a atração sexual" (p. 136). Notemos logo de início o caráter daquilo que se denomina objeto em psicanálise: trata-se de objeto *sexual*, como Freud cuidou de estabelecer nessa definição.

Portanto, como afirma enfaticamente Laplanche (1992), objeto, em psicanálise, diz respeito ao fenômeno da *objetalidade*, e não ao da *objetividade*, para o qual o que está em jogo é o objeto da percepção. Tal diferenciação feita por Laplanche é relevante para dar clareza epistemológica à definição do objeto da análise, que seria eminentemente o objeto psíquico (da pulsão), e não o objeto natural. Dito a partir de outro par correlato, seria o objeto da sexualidade, e não o da conservação. Todavia, a marcação cerrada

1 Publicado originalmente em *Revista Latinoamericana de Psicopatologia Fundamental*, 25(1), 2022; e reproduzido em: Fulgencio, L., & Gurfinkel, D. (Orgs.). (2022). *Relações e objeto na psicanálise: ontem e hoje* (pp. 283-302). Blucher.

desse limite pode ficar comprometida nos segmentos em que se encontra borrada a fronteira entre esses tipos de objeto, como na psicose – haja vista a importância que adquire a função do teste de realidade no reconhecimento do objeto.

No campo estritamente freudiano, claro está que um objeto da percepção, uma vez investido libidinalmente, converte-se em objeto da pulsão. Ou seja, o objeto da objetalidade surge entrecruzado com o da objetividade, tanto na ontogênese quanto na teoria. Do "Projeto para uma psicologia científica" (Freud, 1895/1981a) até as "Formulações sobre os dois princípios do funcionamento mental" (Freud, 1911/1981c), é assim que se concebe o objeto. Diga-se de passagem, este texto, criticado por Laplanche (1992) exatamente por desconsiderar a separação entre objetalidade e objetividade, é o mesmo que adquire caráter seminal para a teorização de Bion (1962/1991) em *O aprender com a experiência*, justamente porque, para esse autor, o teste de realidade tem valor central quando é a experiência da psicose que impregna a construção da metapsicologia.

Mas voltemos a nosso problema inicial. Embora a variedade dos objetos possa ser considerada infinita, *grosso modo* eles se dividiram historicamente nas duas categorias básicas da heterossexualidade e da homossexualidade, com todas as variações de que se tem notícia: bissexualidade, transexualidade etc., até chegar ao paroxismo taxonômico contemporâneo das mais de 30 classes de gênero enumeráveis. Este, porém, não será aqui nosso assunto principal. Examinaremos o modo como, na teoria psicanalítica, a escolha de objeto se dá de maneira completamente solidária e correlata à *formação da identidade sexual*, ou identidade de gênero, por assim dizer.

De partida, convém lembrar algumas constatações elementares, com todas as questões sociais, psicopatológicas e clínicas que implicam.

1. Desde Freud, a psicanálise já sabia da precocidade da "escolha" de objeto, haja vista a insistência reiterada na importância da primeira infância, com todo o rol de experiências psíquicas que ela envolve, para a formação dos pontos de fixação que se atualizarão posteriormente tanto na psicopatologia como na definição da sexualidade adulta.
2. A formação da identidade sexual se dá precocemente, ou seja, a pulsão sexual que surge nos primórdios da vida tem aí mesmo seu tempo ótimo de consolidação, não sendo passível de alteração estrutural ulterior. Apenas de modo incidental, antecipo que essa constatação é da maior relevância quando se aborda um tema candente da atualidade, que é a polêmica em torno da chamada *cura gay*.
3. Se a psicanálise afirma essa escolha sexual no momento precoce da vida, não faz sentido, sob o ponto de vista do desenvolvimento ontológico, deixar de lado teorias psicológicas que lhe possam dar suporte. Por exemplo, a concepção de que haveria uma janela temporal para a consolidação da escolha objetal. Trata-se da teoria do *imprinting*,[2] ligada por Stoller (1978) ao problema da escolha de objeto em psicanálise, em consonância com a concepção de Laplanche (1992) acerca da instalação do sexual na criança a partir da ação do adulto sobre ela.

A princípio, Freud define o objeto como um *objeto total*, o que vem a ser, sem rodeios, uma *pessoa*. Mas, ainda nos *Três ensaios sobre a teoria da sexualidade* (Freud, 1905/1981b), a questão logo se complica pela entrada em cena dos *objetos parciais*, ou seja, partes específicas do corpo de outra pessoa. Isso porque, no

---

2 Esse conceito, introduzido nas conjecturas psicanalíticas por Robert J. Stoller, vem da etologia de Konrad Lorenz (1970). Traduzido para o português ora por *cunhagem*, ora por *estampagem*, significa a aquisição, em um momento crítico do início da vida – janela temporal –, de um padrão de comportamento não reversível, provocado por uma situação ou estímulo ambiental.

desenvolvimento sexual, os objetos investidos pela libido seriam primeiro o seio materno, depois as fezes e, por fim, os órgãos genitais propriamente ditos. Aqui vai também uma simplificação, visto que qualquer parte do corpo pode assumir para um sujeito o papel de objeto. Além disso, como no fetichismo e em uma série das chamadas *perversões*, outros objetos não humanos e até mesmo inanimados podem se tornar destinatários do desejo sexual de alguém.

O misterioso problema da etiologia da escolha de objeto, sobretudo se o simplificarmos provisoriamente para a divisão entre hétero e homossexualidade, deita raízes tanto na psicanálise como na medicina e na psicologia. Quando não é abordado por meio das hipóteses objetais ou propriamente psicológicas, é por meio das suposições biológicas – para não incluir aqui o reduto místico-religioso, fora do campo largamente tipificado como ciência. As pesquisas médicas, recorrendo primordialmente à genética, são as mais renitentes na área. Assim como as investigações genéticas no campo da psicopatologia em geral, a busca da explicação genética para a homossexualidade nunca se estancou. Detalhe a ser anotado: se a explicação da etiologia genética da homossexualidade é buscada, é porque se tem um pressuposto não declarado, que é o da normalidade da heterossexualidade. Como um pano de fundo ideológico, essa crença se instala no cerne da pesquisa científica, e foi a duras penas que se pôde chegar ao ponto de tratá-la como um viés.

Não será necessário listar aqui as dezenas ou centenas de tentativas de esclarecimento genético da causa da homossexualidade. Fiquemos com uma delas, recente, detalhada, obediente ao método científico e, enfim, bastante esclarecedora, ainda que seus resultados negativos iluminem o que não estava contido no desejo, por assim dizer, que animava o propósito da investigação. Não é o caso de atribuir-lhe especial valor. É apenas com o intuito de tomá-la por exemplar que a escolhi, ressaltadas, certamente, as qualidades técnicas e a reputação das instituições em que foi desenvolvida. Vejamos.

A pesquisa, conduzida pela *Science*, é assinada por Benjamin Neale, pesquisador do Hospital Geral de Massachusetts e do Instituto Broad (EUA), pelo italiano Andrea Ganna, seu colega no Instituto Broad, e pelo tailandês Fah Sathirapongsasuti, pesquisador da empresa de genômica 23andMe, estabelecida na Califórnia. Realmente não cabe aqui detalhar a metodologia da pesquisa, disponível em publicação para quem desejar conhecê-la.[3] O resultado obtido, em síntese, é que as "preferências" homossexuais não são detectáveis no DNA. Sugerem os pesquisadores que essa característica é tão multifacetada quanto outros traços humanos, como a inteligência e o talento para os esportes. Conclusão: os resultados devem sepultar de vez a busca por um único gene gay. Descobriram ainda que o comportamento homossexual, além de ser parte natural da biologia humana, não é único, mas diverso!

Ainda que aos psicanalistas e outros observadores da cena sexual humana nos pareça de uma obviedade atordoante, não deixa de ser interessante considerar esses dados quando oriundos da própria pesquisa biológica. Há algo que manca no discurso dessa *Naturwissenschaft*: em vez de promulgar seu achado como conclusão de uma investigação científica, o mais correto, sob o ponto de vista epistemológico, seria decretar que houve, isso sim, uma confusão. Ou seja, utilizou-se de um método para a investigação de um objeto cuja sondagem a ele não competia. Em suma, a determinação psicogênica da sexualidade humana foi reafirmada, incidentalmente, pelo resultado negativo de uma pesquisa genética.

Muito bem. Mas e a psicanálise, como fica nessa história? Embora parta dela a afirmação de que o objeto sexual humano é contingente,[4] alguma confusão foi feita até que chegássemos a esse

---

3 Cf. Lopes (2019).

4 Essa perspectiva a respeito da contingência do objeto foi consolidada na psicanálise a partir dos anos 1980. Como síntese desse ponto de vista, os dois volumes de Jurandir Freire Costa (1994, 1995) sobre o homoerotismo foram

ponto. Atribui-se a Freud boa parte dessa "descoberta". No entanto, se examinarmos de perto sua obra, vamos encontrar marchas e contramarchas no caminho dessa definição.[5] Para não falar que, na literatura psicanalítica, até um certo período, a homossexualidade era tratada como desvio da norma heterossexual, quando não como patologia ou perversão. E a tese da psicogênese da chamada escolha de objeto – que de escolha nada tem – custou a se firmar, uma vez que se titubeou por muitas vezes e por muito tempo quanto a sua preponderância em relação ao papel da constitucionalidade, ou seja, da biologia.

No capítulo 3 de "O eu e o isso", Freud (1923/1981e) se detém num exame pormenorizado da relação entre o complexo de Édipo e a definição da identidade sexual, antecipando-se a pontos que seriam debatidos nos anos seguintes em "A dissolução do complexo de Édipo" (Freud, 1924/1981f) e "Algumas consequências psíquicas da distinção anatômica entre os sexos" (Freud, 1925/1981g). Ali o encontramos num esforço por compreender a formação da masculinidade e da feminilidade, em homens e mulheres. É assim que o argumento da bissexualidade constitutiva retoma a cena como solo que, de partida, abrigaria e justificaria ambas as possibilidades de desfecho da formação da identidade sexual e da correlata escolha de objeto. Assistimos aí a um verdadeiro debate sobre a complexidade do complexo de Édipo, se me permitem a redundância da expressão. Freud alega que não se pode considerar simplesmente sua forma simplificada, na qual o menino desenvolveria o interesse erótico pela mãe, e a menina, pelo pai, mas que há de se levar

---

cristalinos na explicitação e na defesa dessa tese, depurada interpretativamente do texto freudiano.

5 Laplanche (2015) afirma: "Ora, apesar dos *Três ensaios*, apesar da *deriva* que ele [Freud] propõe para a sexualidade infantil, Freud vai continuar a reduzir a pulsão a um modelo instintual" (p. 31). Trata-se do que o autor chamou em diversas ocasiões de *desvio biologizante* na questão da sexualidade.

em conta as catexias libidinais da mãe e do pai, tanto pelo menino quanto pela menina. Seria o Édipo dúplice, positivo e negativo. Sem me estender, o que temos nesse texto é a descrição da cena de luta entre as tendências hétero e homossexuais.

Neste ponto, é importante citar uma passagem desse texto, em que certa ambiguidade se insinua. Diz Freud (1923/1981e), à guisa de conclusão sobre a escolha objetal:

> *Pareceria, portanto, que em ambos os sexos a força relativa das* disposições sexuais masculina e feminina *é o que determina se o desfecho da situação edipiana será uma identificação com o pai ou com a mãe. Esta é uma das maneiras pelas quais a bissexualidade é responsável pelas vicissitudes subsequentes do complexo de Édipo. (p. 47, grifos meus)*

Ora, como entender o significado de "disposições sexuais masculina e feminina"? Se for como resultante dos conflitos vivenciados no período edípico, em seu desfecho estaríamos então no campo da formação psicogênica da tendência hétero ou homossexual. Mas aí entra um complicador, que assim posso explicitar: Freud fala aqui do *desfecho do complexo de Édipo*, quando, por definição, a identidade sexual e o supereu se consolidam. Nesse caso, os elementos de fixação a formar as *disposições* já teriam, por uma razão lógica, que ser pretéritos, servindo de *antecedentes causais* para o que agora se consolidaria em termos de identidade. Se for esse o raciocínio, somos obrigados a considerar que tais "disposições sexuais masculina e feminina", remanescentes da bissexualidade, se situariam no campo do *constitucional*, que nada mais é do que o campo *biológico*.

Essas considerações visam expor dificuldades epistemológicas que implicam volteios teóricos. Não quero, com elas, retirar Freud do lugar de operador de uma subversão na herança positivista, que exigia a prova material para tudo que se postulasse, inclusive no campo da mente. Como fica patente na argumentação de Paul-Laurent Assoun (1983), Freud produz essa total subversão sem, contudo, o confessar. Em virtude de seu compromisso com a ciência oficial, necessidade política para a legitimação social da psicanálise, ele declara até o fim que a psicanálise se inscreve no campo das *Naturwissenschaften*.[6]

Pois bem: consideremos, afinal, afirmado o discurso que situará a sexualidade humana, no que esta contém de escolha objetal, no campo psíquico propriamente dito – seja pela via da postulação freudiana (assim interpretada), seja pelos resultados negativos da pesquisa genética. Isso posto, abre-se para a psicanálise a enorme responsabilidade de se pronunciar sobre a etiologia da sexualidade psíquica e os complexos mecanismos que ela envolve.

Não faltaram autores a fazer suas conjecturas, e seria impraticável levantar aqui as teses formuladas em um século de literatura psicanalítica. Houve tentativas mais frágeis, que apelavam a uma suposta obviedade e, ainda assim, veiculavam erros grosseiros. Refiro-me, sucintamente, à ideia de que a não identificação masculina do menino decorria da ausência de uma figura paterna forte, justificativa que se popularizou como explicação fácil para a gênese da homossexualidade do menino. Pecava por atribuir excessiva materialidade a uma questão inconsciente. Convém lembrar Freud (1923/1981e), que, a respeito da formação do supereu, desvinculava

---

6 Ao tempo de Freud, a oposição que se fazia era entre as *Naturwissenschaften*, ciências da natureza, e as *Geisteswissenschaften*, ciências do espírito. Essas últimas, para Freud, seriam contrárias ao espírito científico, razão pela qual não lhes dava crédito e, ademais, queria delas manter sua psicanálise distante. Mezan (2007) propõe que aquela divisão entre as ciências dificultava o enquadramento da psicanálise, por Freud, num campo externo ao da ciência natural. Examinando seu discurso à luz das divisões contemporâneas da ciência, o trabalho de Freud se situaria no âmbito do que se convencionou chamar de *ciências humanas*.

sua severidade daquela das figuras parentais e da educação, enfatizando a primazia da pulsionalidade em sua configuração.

Há autores que, com aguçado senso clínico, estabeleceram hipóteses sobre as relações entre as ações parentais e a formação da identidade sexual. Sem pretender de modo algum ser exaustivo, recordo, por exemplo, que R. J. Stoller (1975), J. Chasseguet-Smirgel (1991) e M. Masud R. Khan (1987) arriscaram hipóteses clínicas consistentes sobre o papel da mãe na formação da identidade sexual do perverso, apontando, *grosso modo*, para a prorrogação excessiva das gratificações da criança e o desestímulo à consideração do terceiro interditor.[7]

Se ficarmos nos textos de Freud dos anos 1920 sobre o complexo de Édipo e sua superação, aquilo a que assistimos bem poderia ser descrito como o drama de uma criança às voltas com sua própria identificação, perdida em meio a conflitos e, dito quase caricaturalmente, aproximando-se de um momento fatídico a exigir-lhe uma tomada de decisão. É claro que não é dessa forma esquemática que Freud propõe o problema da escolha. No entanto, o pouco detalhamento das atitudes parentais – e ambientais, como podemos acrescentar após Winnicott – que tomam parte desse processo, aliado à infelicidade da palavra *escolha*, induz os mais desavisados a assim interpretar o enredo. Mas é verdade, por outro lado, que Freud (1933/1981h), antevendo a importância do papel do objeto externo nessa novela, escreverá em seu último trabalho sobre a questão da identidade sexual que é necessário levar em conta as relações precoces entre a menina e sua mãe para pensar a respeito da determinação da feminilidade. Ou seja, a vida precoce e os acontecimentos pré-edípicos agora entram em cena nessa quase autocrítica.

7 Trato detalhadamente das hipóteses desses autores no livro *Perversão* (Ferraz, 2017).

O problema da definição do objeto sexual tornou-se, assim, um desafio a um só tempo metapsicológico e epistemológico para a psicanálise. Urgia propor para o tema um tratamento que fosse consistente, levando às últimas consequências a proposição da psicogênese por meio de um discurso que não fosse meramente especulativo. O tratamento do assunto ganhará, em Jean Laplanche, a abordagem consistente pela qual se esperava até então. Vejamos como ele equaciona a questão de maneira absolutamente rigorosa no que tange às exigências epistemológicas. Ainda que em um ponto longínquo, reconhece-se a mão de Lacan nessa trajetória. Explico: não por concordância com seu ponto de vista – muito pelo contrário –, mas pela trilha que Lacan deixou aberta para a afirmação da psicogênese e pela defesa inarredável do ponto de vista de que é no campo das significações (fora, portanto, do constitucional e dentro do regime da alteridade) que a constituição do eu vai se realizar.

Ribeiro (2010), num trabalho que reflete com rigor a proposição laplanchiana, privilegiará a ideia de que, na ontogênese do sujeito, convém falar em *ser identificado por*, em vez de *identificar-se com*. Ou seja, a partir do entendimento de que a identidade é algo fornecido pelo *outro*, por meio de nomeações que funcionam como *significantes enigmáticos*, só podemos chegar à postulação de que *a identificação é um processo que se sofre passivamente*. Um adulto identifica uma criança como sendo fulana de tal, com toda a gama de atribuições que essa nomeação pode conter. Esse é um ponto do rigor epistemológico do trabalho de Laplanche que tem como consequência liberar a psicanálise da posição incômoda de ter que supor um bebê "escolhendo" ativamente os traços da alteridade com que se identificar.

Para Laplanche (2015), há que se discernir entre *instinto* e *pulsão*, pois é a confusão entre esses termos que fará o discurso sobre a identidade sexual patinar nos domínios da constitucionalidade.

Desse modo, ele faz justiça à biologia, dando-lhe o lugar que lhe convém no terreno da sexualidade humana. E desmonta o discurso naturalista segundo o qual a heterossexualidade é uma herança biológica, restando à homossexualidade a condição de ser um *desvio* ou uma *patologia*. Não retomarei a teoria longa e complexa de Laplanche, por impossível neste espaço e por desnecessário para chegar ao ponto a que viso.[8] Enfatizo, porém, que a diferenciação entre instinto e pulsão é parte essencial desse programa. A pressão biológica para a descarga sexual, com os componentes hormonais que carrega, ficaria do lado do instinto. Mas a fantasia sexual e o desejo (desejo pelo quê ou por quem) situam-se definitivamente no campo da pulsão, donde a já mencionada assertiva de que o objeto sexual, para o ser humano, é contingente.

Vejamos, apenas a título de recapitulação sumária, a teoria de Laplanche sobre a sexuação, que bem pode ser entendida como uma teoria da implantação da sexualidade psíquica *na* criança *pelo* adulto, na cena inexorável da sedução generalizada. Trata-se de uma decorrência dos cuidados que visam à própria sobrevivência da criança, levados a cabo por um adulto sexuado sobre uma criança que ainda não o é. Na prática do cuidado, o adulto, portador de inconsciente recalcado, dirige à criança significantes enigmáticos que serão submetidos por ela a tentativas de tradução. Tais significantes – e isto é fundamental – não são enigmáticos apenas para a criança, que os recebe passivamente, mas também para o próprio adulto, que os emite ativamente.

Vale a pena trazer uma citação um pouco longa de Dejours (2019), dada a clareza com que expõe a posição laplanchiana:

8 Na verdade, as ideias de Laplanche sobre a gênese da sexualidade psíquica encontram-se em diversos de seus escritos. Para uma síntese delas, ver *Novos fundamentos para a psicanálise* (Laplanche, 1992).

A comunicação entre a criança e o adulto é mobilizada pela autoconservação: de um lado, as necessidades do corpo fisiológico da criança; de outro, os cuidados do corpo dispensados à criança pelo adulto. A onda portadora dessa comunicação é o apego. Mas, nessa comunicação, a relação é desigual. A criança se dirige ao corpo do adulto sob o efeito de estímulos fisiológicos que provêm de seu próprio corpo. O adulto, de sua parte, não pode responder no registro estrito dos cuidados higieno-dietéticos, isto é, unicamente na dimensão instrumental da autoconservação. Pois, por seu pertencimento ao mundo dos adultos, não reage somente com um comportamento de cuidado. O adulto não pode, quando responde aos apelos do corpo da criança, fazer outra coisa além de reagir também sexualmente. A comunicação, a mensagem dirigida pelo adulto à criança (no corpo a corpo com a criança, por ocasião dos cuidados) é "comprometida", diz Laplanche – até mesmo corrompida –, pelo sexual. Nolens volens, *o adulto sempre excita a criança. Na verdade, o que é mais comprometedor – e, por conta disso, o mais excitante – nessa comunicação adulto-criança é precisamente aquilo de que o adulto não tem consciência, isto é, aquilo que vem da mobilização de seu próprio inconsciente. O adulto seduz a criança, mas não sabe que, ao fazê-lo, implanta o sexual no corpo da criança. Assim se encontram situados dois tempos: o primeiro é o* apelo da criança *veiculado pela onda que carrega o apego; o segundo é aquele do* retrieval *do comportamento de cuidado do adulto comprometido por seu inconsciente sexual. Agora a criança encontra-se excitada pelo adulto, o que mobiliza nela uma forma particular de exigência de trabalho, ligação, que Laplanche descreve com o nome*

> *de* tradução*: tradução, pela criança, da mensagem comprometida emitida pelo adulto. É esse o terceiro tempo: o tempo tradutório. (pp. 125-126)*

Chegamos aqui a um ponto fundamental para a compreensão da razão pela qual a sexualidade humana, no que toca à determinação do objeto, descola-se do biológico para percorrer a trilha do psíquico, que tange à pulsão e à fantasia, com a instalação do inconsciente e do campo do desejo. Como argumenta Laplanche, o objeto da pulsão se instala a partir de fora, num momento em que os estímulos sexuais biológicos (hormonais) ainda não exercem pressão. Portanto, a sexualidade infantil é eminentemente psíquica, ainda que implique processos de excitação. Mas é a onda pubertária, como Freud (1905/1981b) já postulava nos *Três ensaios*, que fará exigências transformadoras, no sentido da descarga. Aí já estaremos no campo do instinto, com seus esquemas herdados da filogênese, que, no entanto, não são preenchidos por determinações qualitativas quanto ao objeto. Na bela expressão de Laplanche (2015), quando emerge o instinto sexual, pubertário e adulto, ele "encontra o lugar ocupado pela pulsão infantil" (p. 43).

Essa tese de Laplanche corrobora uma das principais ideias de Freud, qual seja, a de que a sexualidade se determina precocemente, pelo apoio do erótico sobre o somático, ou, dito de outro modo, pela decolagem da sexualidade psíquica do solo da conservação. Disso podemos caminhar para nossas conclusões finais.

Primeiramente, já ficou claro que a sexualidade humana se situa no campo do psíquico, ou seja, da pulsão, expressando-se pela fantasia. Sua instalação é precoce, ocorrida ao tempo da sedução da criança pelo adulto, num tempo complexo que conjuga fundação do inconsciente, nascimento da pulsão e instalação do objeto a partir de fora, na chamada *situação antropológica fundamental*. Como já demonstrado pelo fracasso no encontro de determinantes genéticas, visto, a título de mero exemplo, na pesquisa antes citada, o discurso a incidir sobre a sexualidade humana sai definitivamente do campo do *natural* rumo ao campo do *psíquico*, o que implicou, a partir da psicanálise, um remanejamento na esfera da epistemologia, com a diferenciação dos objetos das diversas formas de ciência.

O momento de instalação do objeto, como postulado por Ribeiro (2010) com base em Stoller (1978), encontra-se de acordo com esquemas herdados da filogênese, definidos por Lorenz (1970) por meio do conceito de *imprinting*. Há um tempo ótimo para que ocorra a instalação do objeto sexual. *Instalação*, aqui, é o termo que substitui a palavra *escolha*, por nada haver de escolha nesse processo. Escolha pressuporia outro engano conceitual, geralmente veiculado pelo emprego da expressão *identificar-se com*. Já o termo *implantação* conecta-se harmoniosamente com a expressão *ser identificado por*. A fixidez do objeto, instalado na janela de tempo aberta para o *imprinting*, desautoriza qualquer investidura clínica que pretenda alterá-lo. Voltamos, então, *tout court*, à impossibilidade técnica e à impostura ética contida em qualquer tentativa de cura gay.

Há outra conclusão importante, que diz respeito ao aspecto inconsciente da mensagem dirigida pelo adulto à criança. Reitero: o significante é enigmático tanto para o receptor quanto para o emissor. Disso desdobram-se consequências fundamentais. Uma delas é que não se pode determinar conscientemente o rumo a ser tomado pela identificação sexual e, outrossim, pelo desejo. Pode ocorrer até mesmo que o destino da sexualidade de uma criança se dê no sentido contrário daquilo que, conscientemente, desejavam os adultos responsáveis por seus cuidados. O desejo da criança estará de acordo com o desejo *inconsciente* dos pais, do qual eles podem nada saber.

Bettelheim e Sylvester (1950), ainda que trabalhando num contexto que não o do estrito desejo sexual, demonstraram que certos comportamentos delinquentes de jovens, mesmo que exasperassem os pais, correspondiam a seu desejo inconsciente sobre o filho. Este fazia algo de que eles, os pais, tinham sido privados na juventude, eventualmente por estarem em situação financeira e social menos favorecida do que aquela que podiam agora prover para seus rebentos.

Em resumo: a sexualidade não está sujeita à educação e não pode conter nenhuma previsibilidade. Ninguém escolhe a sexualidade de ninguém, sendo até possível que o objeto do desejo do filho se dê nas antípodas do que foi "estimulado" pelo meio. Ademais, o objeto é tão singular quanto o são as identidades. Em vez de situá-lo no campo da psicopatologia, melhor seria compreendê-lo como situado no campo da *singularidade idiopática*, esse fértil conceito de Maurice Dayan (1994). Note-se, incidentalmente, que a sexualidade, se não constituiu um objeto das ciências da natureza, tampouco será objeto das ciências da cultura. Não me refiro aqui ao comportamento sexual no âmbito social, mas à questão estrita da objetalidade. Não é ela, a objetalidade, objeto *natural* nem *cultural*, mas uma terceira forma de objeto, que vem a ser o objeto *psíquico*.[9]

Por fim, temos que considerar as implicações dessas conclusões sobre a metapsicologia, que não são de pouca monta. Elas dirão respeito à necessidade de repensar o conceito de fonte (*Quelle*) da pulsão, já que a noção de objeto (*Objekt*), a ela correlata, também sofreu remanejamentos. Ana Maria Sigal (2022), falando em *antropofagia do objeto*, propôs, acertadamente, que, a partir do momento que se postula o objeto como algo que se implanta na criança, tornando *dela* o desejo *daquele*, já não faz sentido determinar com

9 Mezan (2002) esclarece as diferenças entre os vários objetos no campo epistemológico, demarcando o terreno do objeto psíquico como aquele constituído pela psicanálise, à diferença dos objetos natural (das ciências duras), cultural (das ciências sociais) e ideal (da matemática). É a natureza do objeto que deve determinar o método apropriado para sua investigação.

precisão o que seria o dentro e o fora – secundando-a: o que seria o eu e o outro.

Em Freud (1915/1981d), lemos que "por fonte de uma pulsão entendemos o processo somático que ocorre num órgão ou parte do corpo" (p. 143). *Grosso modo*, depreende-se daí que a fonte da pulsão seria somática, localizada primordialmente nas zonas erógenas. Entretanto, se o objeto a pulsar é o objeto externo que foi implantado, ainda que tenha se tornado parte constitutiva do sujeito, não resta senão postular que a fonte original da pulsão não está no somático, mas no próprio objeto.[10] Donde a mudança conceitual efetuada por Laplanche (1992), que incidirá sobre uma reformulação terminológica necessária: de *objeto da pulsão*, passa-se a falar em *objeto-fonte da pulsão*, o que, como nomeei no título deste texto, tornou-se um imperativo epistemológico.

Referências

Assoun, P.-L. (1983). *Introdução à epistemologia freudiana*. Imago.

Bettelheim, B., & Sylvester, E. (1950). Delinquency and morality. *The Psychoanalytic Study of the Child*, 5(1), 329-342.

Bion, W. R. (1991). *O aprender com a experiência*. Imago. (Trabalho original publicado em 1962).

Chasseguet-Smirgel, J. (1991). *Ética e estética da perversão*. Artes Médicas.

Costa, J. F. (1994). *A inocência e o vício: estudos sobre o homoerotismo*. Relume-Dumará.

Costa, J. F. (1995). *A face e o verso: estudos sobre o homoerotismo II*. Escuta.

10 Laplanche (2015) levanta uma série de problemas decorrentes da ideia de que a fonte da pulsão se localiza no plano somático. Não cabe aqui elencá-los, mas remeto o leitor a seu texto para um aprofundamento na questão.

Dayan, M. (1994). Normalidad, normatividad, idiopatía. In Fundación Europea para el Psicoanálisis (Org.), *La normalidad como síntoma* (pp. 83-107). Kliné.

Dejours, C. (2019). Psicossomática e metapsicologia do corpo. In C. Dejours, *Psicossomática e teoria do corpo* (pp. 113-143). São Paulo.

Ferraz, F. (2017). *Perversão*. Pearson Clinical Brasil.

Freud, S. (1981a). Projeto para uma psicologia científica. In S. Freud, *Edição standard brasileira das obras psicológicas completas de Sigmund Freud* (Vol. I, pp. 381-511). Imago. (Trabalho original publicado em 1895).

Freud, S. (1981b). Três ensaios sobre a teoria da sexualidade. In S. Freud, *Edição standard brasileira das obras psicológicas completas de Sigmund Freud* (Vol. VI, pp. 123-252). Imago. (Trabalho original publicado em 1905).

Freud, S. (1981c). Formulações sobre os dois princípios do funcionamento mental. In S. Freud, *Edição standard brasileira das obras psicológicas completas de Sigmund Freud* (Vol. XII, pp. 273-286). Imago. (Trabalho original publicado em 1911).

Freud, S. (1981d). A pulsão e seus destinos. In S. Freud, *Edição standard brasileira das obras psicológicas completas de Sigmund Freud* (Vol. XIV, pp. 129-162). Imago. (Trabalho original publicado em 1915).

Freud, S. (1981e). O eu e o isso. In S. Freud, *Edição standard brasileira das obras psicológicas completas de Sigmund Freud* (Vol. XIX, pp. 11-83). Imago. (Trabalho original publicado em 1923).

Freud, S. (1981f). A dissolução do complexo de Édipo. In S. Freud, *Edição standard brasileira das obras psicológicas completas de Sigmund Freud* (Vol. XIX, pp. 213-224). Imago. (Trabalho original publicado em 1924).

Freud, S. (1981g). Algumas consequências psíquicas da distinção anatômica entre os sexos. In S. Freud, *Edição standard brasileira das obras psicológicas completas de Sigmund Freud* (Vol. XIX, pp. 301-320). Imago. (Trabalho original publicado em 1925).

Freud, S. (1981h). Feminilidade. In S. Freud, *Edição standard brasileira das obras psicológicas completas de Sigmund Freud* (Vol. XXII, pp. 139-165). Imago. (Trabalho original publicado em 1933).

Khan, M. M. R. (1987). *Alienación en las perversiones*. Nueva Visión.

Laplanche, J. (1992). *Novos fundamentos para a psicanálise*. Martins Fontes.

Laplanche, J. (2015). *Sexual: a sexualidade ampliada no sentido freudiano* – 2000-2006. Dublinense.

Lopes, R. J. (2019, 29 ago.). Genes não ajudam a prever homossexualidade, mostra estudo. *Folha de S.Paulo*.

Lorenz, K. (1970). *Studies in animal and human behavior*. Harvard University Press.

Mezan, R. (2002). Sobre a epistemologia da psicanálise. In R. Mezan, *Interfaces da psicanálise* (pp. 436-519). Companhia das Letras.

Mezan, R. (2007). Que tipo de ciência é, afinal, a psicanálise? *Natureza Humana*, *9*(3), 319-359.

Ribeiro, P. C. (2010). Identificação passiva e teoria da sedução generalizada de Jean Laplanche. *Percurso*, *22*(44), 79-90.

Sigal, A. M. (2022). A antropofagia do objeto: desconstrução e reconstrução. In L. Fulgencio, & D. Gurfinkel (Orgs.), *Relações de objeto na psicanálise: ontem e hoje* (pp. 271-282). Blucher.

Stoller, J. (1975). *Perversion: the erotic form of hatred*. Karnac.

Stoller, R. J. (1978). La difficile conquête de la masculinité. In J. Caïn (Org.), *L'identification: l'autre, c'ést moi* (pp. 91-104). Tachou.

2. A pulsão de morte na perversão[1]

A *pulsão de morte* sempre foi um conceito controvertido na psicanálise pós-freudiana, tendo recebido diversas interpretações, muitas vezes teoricamente irreconciliáveis. Não é o caso de fazermos um levantamento sobre essa variação aqui, em poucas páginas. Mas podemos lembrar que há leituras mais literais do texto freudiano que tomam o conceito como instância real, quase à moda de uma função fisiológica, responsável pela suposta tendência de retorno do organismo ao estado inorgânico. Outras vezes, a pulsão de morte foi sumariamente assimilada ao sadismo. Há, entretanto, concepções mais refinadas sob o ponto de vista clínico, como julgo a de Michel de M'Uzan (2003), que a entende como um "dispositivo anti-representacional". Para ele, a pesquisa dos estudiosos da psicossomática demonstrou, com clareza, a correspondência entre o "fenômeno operatório" (Marty & M'Uzan, 1962) e o "fator atual", já descrito por Freud (1895/1981b) nas "neuroses atuais", que se

1 Publicado originalmente em francês na revista *Corps et Psychisme: Recherches em Psychanalyse et Sciences Humaines*, 83, 97-106, 2023, a convite da editora Cristina Lindenmeyer, a quem agradeço.

opunham às psiconeuroses por se situarem à margem das representações psíquicas.

Esse modo de encarar o conceito tão espinhoso lhe confere maior verossimilhança teórica, além de um alcance clínico mais amplo e palpável. Permite que se estabeleça uma ligação entre os estágios iniciais da investigação de Freud, repatriando o "fator atual" ali descrito, com a rede conceitual desenvolvida pela escola psicossomática de Paris a partir dos anos 1960. Marilia Aisenstein e Claude Smadja (2003), na mesma linha, veem no conceito de pulsão de morte um operador teórico-clínico que permite compreender a destruição de processos de pensamento, tal como se dá nos estados operatórios descritos por Marty e M'Uzan (1962), verificados em pacientes somatizadores, normopatas ou que apresentam patologias comportamentais.[2]

É a partir desse modo de encarar o conceito de pulsão de morte que pretendo propor uma incursão pelo campo clínico da perversão, a fim de discutir a especificidade de sua incidência nessa formação psicopatológica. Como ponto de partida, temos que assumir que a ação da pulsão de morte na tópica das patologias não neuróticas é bastante diferente do verificado na tópica das neuroses. Nas primeiras, o funcionamento psíquico se dá pela predominância da descarga ou *acting*, enquanto nas segundas ele se beneficia da rede de representações.

Nas patologias não neuróticas, em que se inclui a perversão, a incidência da pulsão de morte se dá, portanto, como um desinvestimento no campo da representação, com a dominância do "fator atual". Como corolário, as respostas psíquicas não passam de descargas, uma vez que não são mediatizadas pelo pensamento. A violência da pulsão se manifesta, então, por formas de ataque, seja

2 Cf. meu trabalho sobre a normopatia (Ferraz, 2002).

ao mundo externo, ao corpo ou à própria tópica. Entre o desinvestimento das representações e o ato de descarga há uma relação causal circular: se a falta de recursos psíquicos acarreta o *acting*, reiteradas reações por essa via, por sua vez, impedem o trabalho de representação.

O trabalho de W. R. Bion (1962/1991) corrobora essa ideia. Para ele, as reações defensivas por evacuação impedem o "aprender com a experiência", ou seja, o enriquecimento do aparelho psíquico com elementos que se tornem disponíveis para o pensamento e para o sonho. Em sua terminologia, a falha na "função alfa" faz com que os "elementos beta" predominem sobre os "elementos alfa", que seriam aqueles transformados pela capacidade de conter a descarga e, assim, de pensar. Disso resulta a impossibilidade de respostas propriamente psíquicas, ou seja, elaboradas e não estereotipadas.

C. Dejours (2001) introduz um conceito importante nesse campo, a saber, o de "latência". Na neurose, a excitação desencadeada por significantes oferecidos pela alteridade deve passar por um período de latência até encontrar uma resposta que, classicamente, atende pelo nome de *sintoma*, na estrita acepção freudiana do termo. Trata-se de uma resposta produzida pelo recurso à rede de representações do sujeito, à qual Freud (1895/1981a) já se referia, no "Projeto para uma psicologia científica", com o nome de "ação específica". Nas patologias não neuróticas, contudo, as respostas possuem natureza diferente.

Tendo em vista as diferenças entre as neuroses e as patologias não neuróticas, cabe indagar como se dá a ação da pulsão de morte no interior da tópica. Para desenvolver a questão, recorro ao esquema proposto por Dejours (2001) para distinguir a tópica da neurose daquela das patologias não neuróticas, lembrando, no entanto, que essas últimas não constituem um bloco homogêneo. Há diferenças significativas de funcionamento psíquico no espectro das patologias não neuróticas,[3] que ocorrem em função da especificidade da incidência da pulsão de morte sobre a organização tópica em cada uma delas.

Como vimos, o funcionamento neurótico se define pelo recurso à rede de representações e pela capacidade de tolerância de uma latência para que uma resposta à solicitação excitante da alteridade possa se dar pela via do pensamento. Ao contrário, a resposta não neurótica se dá à margem do recurso às representações, não apenas pela impossibilidade de se estabelecer a latência, mas, estruturalmente, pela baixa densidade da rede representacional, ou seja, pelo estado "operatório". É por essa razão que a pulsão de morte, conforme a acepção que aqui adotamos, torna-se uma referência indispensável à abordagem das patologias não neuróticas.

Grosso modo, haveria, no esquema da "terceira tópica" de Dejours, três formas de ação da pulsão de morte nas patologias não neuróticas, todas caracterizadas pelo emprego da descarga violenta proveniente do inconsciente não representado ou "amencial":

1. a desestruturação do próprio aparelho psíquico, no caso da psicose, quando se apagam as barreiras de contato internas da tópica, isto é, entre as instâncias, o que explica o estado confusional em que sonho e vigília podem ser indistinguíveis;
2. o ataque ao soma, quando existe uma repressão da agressividade, com a consequente desorganização das regulações biológicas, no caso da psicossomatose;
3. a destruição do objeto do qual emana a provocação excitante, no caso da psicopatia e formações afins.

Enfim, chegamos ao momento de indagar como tudo isso se aplica ao campo da perversão. Claro está que o modo de relação

3 Masud Khan (1979) utiliza o termo "patologias do eu" nesse caso, com o intuito de dar ênfase à cisão do eu que as caracteriza, à diferença da neurose.

objetal nesse caso está contido no espectro da psicopatia. Mas esse espectro, certamente, comporta nuances que vão de atuações de violência extrema e criminosa até a perversão mais comumente encontrada na clínica, em que a atividade sexual se coloca como defesa contra a angústia de castração, no campo do fetichismo. Trata-se da formação psicopatológica estruturada pela recusa (*Verleugnung*), em detrimento do recalcamento (*Verdrangung*). Antes de examinarmos mais detidamente essa saída, cabe levantar algumas das nuances da perversão que marcam suas interfaces com as formações tanto psicóticas quanto psicossomáticas.

No caso da perversão com maior grau de dissociação, é possível que as cenas sexuais de caráter fetichista, montadas compulsivamente, em algum momento não sejam mais suficientes para a proteção da tópica. Nesse caso, verificamos, por vezes, descompensações que incluem o delírio, bem como a emergência da angústia e da depressão psicóticas que se encontravam sob controle. É como se o mecanismo da recusa falhasse, levando a um rebaixamento na esfera das defesas e, por conseguinte, dando margem à entrada em cena do mecanismo defensivo da rejeição (*Verwerfung*). Analogamente, às vezes assistimos, em pacientes psicóticos, a momentos de saída da confusão delirante por meio do apego a cenas fetichistas e compulsivas francamente perversas, que se dão em períodos de remissão da psicose aguda.

Essas observações clínicas nos permitem concluir que a perversão é, fundamentalmente, uma defesa contra a psicose, ambas situadas do campo das patologias não neuróticas ou patologias do eu, que, à diferença da neurose, decorrem da dissociação do eu. Já defendi (Ferraz, 2023), inclusive, que a afirmação de que "a perversão é uma defesa contra a psicose" substitui na psicanálise, com vantagem, a primeira impressão de Freud (1905/1981c) sobre esse problema, expressa no aforisma "a neurose é o negativo da perversão". Ao postular o mecanismo da recusa em oposição ao recalcamento e, posteriormente, definir a perversão do meio do fetichismo, em razão da dissociação do eu, Freud (1927/1981e) abriu caminho para a compreensão da perversão não mais no campo da neurose, mas no da psicose.

Outra importante interface da perversão, ainda no espectro das patologias não neuróticas, se dá em relação à psicossomática, graças às descobertas dos estudiosos franceses dessa questão. Parto aqui de uma mudança de paradigma na teoria psicanalítica na compreensão da fantasia, particularmente a sexual, como já procurei demonstrar em outro trabalho (Ferraz, 2017). Entre autores dos tempos iniciais da psicanálise, havia uma impressão de que a perversão se caracterizava pela profusão da fantasia. Dava-se ênfase a uma suposta riqueza imaginativa de cenários eróticos e sua consequente colocação em prática no âmbito da vida sexual, especialmente cenários montados a partir das pulsões parciais ou pré-genitais.

Ora, com o desenvolvimento de estudos clínicos mais profundos, particularmente os de Stoller (1975), Khan (1979) e McDougall (1997), foi exatamente o contrário que se verificou: na perversão, a atividade fantasmática é extremamente limitada. Restringe-se a poucos cenários e atividades imaginados, estereotipados e sem variação, que se impõem tiranicamente ao sujeito. Ocorrem de modo compulsivo, sem graus de liberdade, e constituem, sobretudo, um meio de escape da angústia que, de outra maneira, poria em ameaça a própria integridade da tópica.

J. McDougall (1983) foi a autora que, com propriedade, associou esse estado psíquico do perverso à pobreza fantasmática e ao déficit representacional descritos por Marty e M'Uzan (1962) na vida operatória de pacientes somatizadores. Uma tal pobreza de representações explica a semelhança entre o perverso e o somatizador no que toca à consequente pobreza da atividade onírica e à tendência ao *acting*. Khan (1979), nessa mesma linha, afirma que a cena sexual montada pelo perverso no mundo externo atesta uma falha da atividade onírica. Os parceiros selecionados para a cena devem atuar de acordo com o roteiro estrito que o perverso traçou, à moda de um autor e diretor de uma peça teatral. A cena perversa seria, então, algo como um sonho atuado, uma vez que não existe habilidade psíquica para a produção de um "sonho sonhado", por assim dizer. Em suma, a cena montada seria algo como um "sonho corporal", de caráter compulsivo adictivo.

McDougall (1997) utiliza o termo "neo-necessidades" para se referir à compulsão do adicto em direção ao *acting*, geralmente o uso de drogas ou abuso alimentar, entre outras formas possíveis de descarga. Para se referir às montagens eróticas perversas, ela criou a expressão correlata "neo-sexualidades". Seriam formas idiossincráticas de descarga sexual, obtidas apenas por meio de montagens em que uma fantasia imperiosa e repetitiva é encenada no plano do real. Por meio dessa prática, a angústia de castração é conjurada quase constantemente: a "moral da história" narrada na cena que se repete é que não existe castração, ou que se pode passar ao largo desta, tangenciando o perigo e, no fim, triunfando sobre ele ainda por cima com o acréscimo do gozo sexual.

Examinadas as interfaces da perversão com a psicose e com a psicossomática, passando pelas proximidades das adicções, chegamos, enfim, à consideração de sua localização estrutural no espectro da psicopatia, de acordo com a "terceira tópica" de Dejours (2001). Entretanto, a palavra "psicopatia" é bastante pesada na tradição psiquiátrica. Soa como alusão a uma patologia marcada pela violência extrema, até mesmo criminosa, em relação ao objeto. Isso exige que façamos algumas considerações a respeito das nuances da "tópica da psicopatia" de Dejours, encarando-a como um modelo estrutural que, todavia, comporta um amplo espectro de manifestações clínicas.

Nos casos mais graves de psicopatia, a destruição do objeto pode ganhar contornos paroxísticos, chegando às raias de sua eliminação física. Mas, como salienta Dejours (2001), tais casos não costumam frequentar a clínica, sendo, antes, mais conhecidos pelos psiquiatras forenses e magistrados do que pelos psicanalistas. Otto F. Kernberg (1998) diz algo semelhante, reservando ao psicopata criminoso o diagnóstico de "personalidade antissocial", quando houve, na ontogênese, uma verdadeira atrofia do supereu. Para o perverso que mais frequentemente aparece na literatura da clínica psicanalítica, ele defende que existe uma similaridade com a figura do *borderline*.

Geralmente, o que se enfatiza no caso da psicopatia é a abordagem violenta do objeto, numa relação não consentida. Isso se verifica, por exemplo, nos criminosos sexuais, que praticam o estupro, ou em pedófilos, que se valem da inocência do objeto atacado. O não consentimento pode funcionar como critério de definição para as ciências jurídicas e para a psiquiatria forense. O psicanalista, no entanto, lida com sutilezas maiores do que aquilo que está contido na normatividade jurídica ou social. Uma tal definição da perversão, igualada à psicopatia, seria empobrecedora para nossa investigação. Ademais, diversos autores, entre os quais os já citados Kernberg (1998) e Dejours (2001), admitem variações gradativas dentro desse espectro.

É possível haver algo similar à perversão dentro da estrutura neurótica, quando jogos sexuais tomam parte das relações sexuais não apenas de forma consentida, mas como interação prazerosa entre parceiros. No outro extremo estaria o psicopata propriamente dito, ou portador da personalidade antissocial. Mas o que psicanalistas que trabalharam de modo mais consistente com a perversão (Kernberg, 1998; McDougall, 1997; Stoller, 1975; Khan, 1979) apontam são formações intermediárias. Não se trata de pacientes psicopatas que fazem sexo "sem consentimento" com seus parceiros. Reitero: seria muito ingênuo para o psicanalista se fiar em algo como "consentimento formal" para decidir sobre o que convém ou que não convém chamar de perversão.

Khan (1979), por exemplo, descreve o que chamou de "técnica da intimidade", empregada pelo perverso na abordagem e na sedução de seu parceiro sexual. Trata-se de uma estratégia que se caracteriza pela criação de um clima emocional específico, em que uma promessa de gozo intenso se associa a uma erotização da transgressão. Com isso, o perverso acessa, dentro do outro, algo que pertence a sua natureza mais recôndita. A comunicação que daí resulta é essencialmente corporal, ou seja, pré-verbal. Ora, a relação que se estabelece não é, sob o ponto de vista formal ou legal, algo não consentido. Mas esse verdadeiro "recrutamento" se vale de uma estratégia quase hipnótica, não raro pondo em prática uma tática que envolve o tom de voz e o gestual escolhidos, ao mesmo tempo se aproveitando de fragilidades psíquicas e sociais da pessoa envolvida.

Uma vinheta clínica nos ajuda a compreender o ponto que procuro discutir sobre a questão do consentimento. Um homem de aproximadamente 40 anos, advogado bem-sucedido, procura análise com a queixa de que não consegue estabelecer relacionamentos afetivos estáveis. Refere-se a um sentimento de inferioridade em relação aos irmãos, que são casados há anos, mantêm um bom relacionamento com as esposas e já constituíram família. No decorrer do processo, ele passa a abordar em detalhes sua vida erótica. Conta que só consegue sustentar uma relação sexual com uma mulher se, nas preliminares do ato, bater-lhe fortemente nas nádegas. Faz a ressalva de que jamais fez isso sem a autorização da parceira: tudo é combinado antes, e a relação só acontece se elas estiverem expressamente de acordo. Conta também que, embora bata com força, jamais machucou de verdade uma mulher. Apenas deixa em sua pele as marcas avermelhadas dos tapas que aplica. Enfatiza que, se isso não ocorre, ele é totalmente incapaz de ter uma ereção.

Eis um caso em que a questão do consentimento é enganosa. Como o próprio paciente enfatiza, não haveria formalmente uma culpa jurídica ou mesmo ética, uma vez que o contrato é claro e lavrado entre adultos livres e capazes. Mas uma fantasia que ele explicita vem colocar em cena a natureza perversa da relação objetal. Para aumentar e manter sua potência, ele precisa perceber que, na verdade, a mulher não se excita verdadeiramente ao apanhar, mas, em certa medida, aceita com contrariedade sua exigência, fazendo uma espécie de "sacrifício" para satisfazê-lo. Essa impressão, que aumenta a excitação, não passa, sob o ponto de vista psicodinâmico, de um sucedâneo do que seria uma relação violenta e forçada, mas agora recoberta pela aura de legalidade. Mas não pode esconder o caráter de descarga da violência da pulsão. Revela, enfim, um prejuízo da objetalidade, que fica patente na tomada do parceiro sexual como pessoa coisificada, num ato que, ao menos em fantasia, se presta à realização gozosa apenas para si, em detrimento do outro.

Portanto, o consentimento formal, por si só, não diz tudo sobre a questão, que, a meu ver, deve ter como eixo a *fantasia* de triunfo envolvida no ato e o grau de objetalidade atingida pelo sujeito. O objeto, na perversão, existe como entidade física, mas não como alteridade plena, com a qual poderia haver um ato sexual compartilhado. Assim, ele é coisificado, ou seja, rebaixado de sua condição humana; é um objeto parcial, não havendo recursos psíquicos desenvolvidos suficientemente para que se constitua um objeto total.

Por isso, na perversão, a objetalidade se situa a meio caminho entre a neurose e a psicose. Em princípio, o neurótico possui a representação do objeto como autêntica alteridade, podendo seu sintoma expressar um conflito com ela, mas sem colocar em risco seu caráter de objeto total, isto é, dotado de propriedades psíquicas. Já o psicótico apresenta uma falha narcísica que impede a constituição da plena alteridade. O perverso, por sua vez, tem acesso à objetalidade, mas só em seu aspecto material, rechaçando seu caráter de alteridade plena. Não há um "outro" propriamente dito, mas um corpo do outro, quando não apenas partes dele. Com isso, ele se defende de um encontro potencialmente desestabilizador da tópica, o que constitui mais um elemento a corroborar o aforisma "a perversão é uma defesa contra a psicose", como vimos anteriormente.

As montagens perversas, cumprindo a função de descarga, são movidas pelo inconsciente não recalcado. Mas se aproveitam de uma coexcitação sexual (Dejours, 2001), que testemunha o sequestro, pela pulsão de morte, do erotismo que provém do inconsciente recalcado ou sexual, processo descrito na psicanálise como "desfusão pulsional" (Freud, 1920/1981d). Por meio da descarga contida nas montagens, o perverso se desvencilha de sua violência sem chegar a conhecê-la, uma vez que a vivencia como prazer erótico, e não como violência propriamente. A compulsão se torna erotizada, o que também marca uma diferença da perversão em relação à psicopatia mais grave, descrita por Kernberg (1998) como "transtorno da personalidade antissocial". Aliás, esse autor adverte que, nos níveis mais graves e profundos da psicopatia, a participação do erotismo vai diminuindo, chegando até a desaparecer.

A estratégia de se livrar da violência por meio do *acting* ajuda, por um lado, a manter a integridade da tópica, que não se fragmenta como na psicose. Mas o contínuo movimento de *acting* mantém o nível representacional em baixa densidade, o que instala um círculo vicioso. Quanto mais descarga, menos possibilidade de representação; e quanto menos representação, maior o recurso à descarga. Não é outra coisa que vemos na teoria de Bion (1962/1991), tratando dos processos de evacuação mental na psicose em sua relação com a impossibilidade de se aprender com a experiência.

Para finalizar, eu gostaria de reiterar que o entendimento da pulsão de morte como dispositivo antirrepresentacional guarda uma grande perspicácia clínica, como se vê na perversão e, de modo geral, nas patologias não neuróticas. Acrescento apenas que o "fator atual" não deve ser visto só como algo que trabalha contra o enriquecimento do mundo representacional, mas como via de duas mãos que sustenta o círculo vicioso entre a descarga violenta e a pobreza do universo das representações. É, portanto, o maior óbice ao pensamento e à simbolização.

Finalmente, gostaria de arrematar dizendo que, para discutir as questões etiológicas da perversão; os dispositivos clínicos de que temos que lançar mão no enfrentamento de outras exigências que não as colocadas pela neurose; e a ética a guiar a intervenção em um campo tão propício a sentimentos contratransferenciais agudos, teríamos pela frente um trabalho de fôlego.[4]

Referências

Aisenstein, M., & Smadja, C. (2003). A psicossomática como corrente essencial da psicanálise contemporânea. In A. Green (Org.), *Psicanálise contemporânea* (pp. 407-419). Imago/SBPSP.

Bion, W. R. (1991). *O aprender com a experiência*. Imago. (Trabalho original publicado em 1962).

Dejours, C. (2001). *Le corps, d'abord: corps biologique, corps érotique et sens moral*. Payot.

Ferraz, F. (2002). *Normopatia: sobreadaptação e pseudonormalidade*. Casa do Psicólogo.

Ferraz, F. (2017). *Perversão*. Pearson Clinical Brasil.

Ferraz, F. (2023). *Tempo e ato na perversão: ensaios psicanalíticos I*. Blucher.

Freud, S. (1981a). Projeto para uma psicologia científica. In S. Freud, *Edição standard brasileira das obras psicológicas completas de*

4 Abordei estas questões no livro *Perversão* (Ferraz, 2017).

Sigmund Freud (Vol. I, pp. 381-511). Imago. (Trabalho original publicado em 1895).

Freud, S. (1981b). Sobre os critérios para destacar da neurastenia uma síndrome intitulada "neurose de angústia". In S. Freud, *Edição standard brasileira das obras psicológicas completas de Sigmund Freud* (Vol. III, pp. 103-135). Imago. (Trabalho original publicado em 1895).

Freud, S. (1981c). Três ensaios sobre a teoria da sexualidade. In S. Freud, *Edição standard brasileira das obras psicológicas completas de Sigmund Freud* (Vol. VII, pp. 123-250). Imago. (Trabalho original publicado em 1905).

Freud, S. (1981d). Além do princípio do prazer. In S. Freud, *Edição standard brasileira das obras psicológicas completas de Sigmund Freud* (Vol. XVIII, pp. 13-85). Imago. (Trabalho original publicado em 1920).

Freud, S. (1981e). Fetichismo. In S. Freud, *Edição standard brasileira das obras psicológicas completas de Sigmund Freud* (Vol. XXII, pp. 175-185). Imago. (Trabalho original publicado em 1927).

Kernberg, O. F. (1998). Perversão, perversidade e normalidade: diagnóstico e considerações terapêuticas. *Revista Brasileira de Psicanálise*, *32*(1), 67-82.

Khan, M. M. R. (1979). *Alienation in perversions*. Hogarth Press.

Marty, P., & M'Uzan, M. (1962). La pensée opératoire. *Revue Française de Psychanalyse*, *27*, 345-356.

McDougall, J. (1983). *Em defesa de uma certa anormalidade: teoria e clínica psicanalítica*. Artes Médicas.

McDougall, J. (1997). *As múltiplas faces de Eros: uma exploração psicoanalítica da sexualidade humana*. Martins Fontes.

M'Uzan, M. (2003). No horizonte: o fator atual. In A. Green (Org.), *Psicanálise contemporânea* (pp. 397-405). Imago/SBPSP.

Stoller, R. J. (1975). *Perversion: the erotic form of hatred*. Karnac.

3. A foraclusão e a radicalidade da experiência psicótica[1]

Prólogo

Marta Rezende Cardoso me convida a escrever um capítulo numa coletânea que trata dos extremos. O convite vem assim, sem maiores detalhamentos, o que me coloca de imediato num trabalho de elaboração psíquica, indagando-me de que extremos poderia eu tratar. Extremos que, pela natureza da provocação, julguei serem aqueles da experiência psíquica dos sujeitos, testemunhados pelo analista em sua clínica. Uma série de situações extremas então me surgiram em mente: a proximidade da morte, a privação da liberdade, a tortura, as perdas e os lutos insuportáveis, a dor, a doença, a injustiça, o preconceito, tantas situações terríveis das quais os analistas por ofício podemos falar... Procurei então em minha memória o que de mais autêntico eu poderia trazer de minha clínica, e o que se impôs espontaneamente foi a experiência da psicose. Entre tantas modalidades de sofrimento em que se lançam os sujeitos,

1 Uma versão inicial deste texto, intitulada "Nas trilhas da foraclusão", foi publicada em: *Trama, Revista de Psicossomática*, 4(4), 2022 (edição on-line); a presente versão foi publicada originalmente em: Cardoso, M. R., Macedo, M. K., & Zornig, S. A. (Orgs.). (2022). *Figuras do extremo* (pp. 191-206). Blucher.

era a velha e tão tematizada experiência da psicose que se assomava em minha mente como exemplar mais legítimo do que se poderia chamar de *extremo da experiência.*

Não é incomum que, nos escritos psicanalíticos, nos refiramos à psicose e sua metapsicologia, teorizando sobre sua diferença ou mesmo sobre sua interface com outras modalidades de padecimento psíquico. Pensei que, muitas vezes, o fazemos friamente, como recurso teórico a nos servir de contraponto ou apoio para o discurso sobre a neurose e a perversão ou sobre a constituição do sujeito e os acidentes do complexo de Édipo. Mas foi dessa abordagem que desejei imediatamente escapar, uma vez que pensar a experiência psicótica no rol das experiências do extremo para o ser humano teria que ser, necessariamente, pela via – com o perdão da repetição – da *experiência* mesma dos sujeitos.

Experiência radical, modo de funcionamento que lança o psicótico para longe da segurança de ser – *insegurança ontológica*, numa feliz expressão de Laing (1978) –, que o analista testemunha na clínica de pacientes que lhe exigem a dura e profunda imersão no universo mais bem definido pela palavra *loucura.* O contato mais profundo do analista com a experiência do psicótico exige-lhe uma entrega excepcional. É seu aparato psíquico que se empresta a essa aventura estonteante, ou seja, para além da teoria necessária que o sustenta, é seu próprio ser – mente e corpo – que se deixa tomar pelo clima emocional do encontro.

Foi assim que resolvi falar aqui dessa modalidade do extremo na vida psíquica, decidido a trazer fragmentos de vivência e de pensamentos que traduzissem o que pude até hoje presenciar na clínica psicanalítica com pacientes psicóticos. É claro que, como exigência óbvia que faz com que nossa abordagem não seja ingênua, mas balizada pela teoria prévia e, ao mesmo tempo, buscando a sua expansão, partirei de fragmentos de experiência em busca também de algum *insight* teórico que nos venha acudir. E, a título de antecipação conclusiva – à guisa de resumo que se antepõe às publicações científicas –, eu afirmaria que a radicalidade da experiência psicótica resulta não apenas do famigerado desligamento da realidade exterior (retirada da libido dos objetos etc.), mas decorre do fato de que a foraclusão, ao abolir o outro e sua representação, paradoxalmente lança o sujeito à sensação de parasitação por esse outro que se abole. Conforme a velha fórmula a que tanto se recorre, o que é abolido do lado de dentro retorna do lado de fora. É esse retorno a partir de fora que faz do psicótico alguém atravessado indefensavelmente pelo outro. Como veremos, o próprio inconsciente pode ser deduzido por essa presença do outro, como parece querer Lacan (1955-1956/1985) ao nos ensinar no seminário sobre a psicose.

Vamos a algumas vinhetas de experiências clínicas.

Algumas situações clínicas

Trago aqui quatro situações que presenciei, esclarecendo desde já que não se trata, todas elas, de ocorrências em atendimento de pacientes psicóticos. Para pensar depois na essência do que seria a experiência psicótica, pode ser de grande valia examinar e refletir sobre fragmentos da clínica de neuróticos e de crianças, e até mesmo exemplos colhidos na observação da "psicopatologia" da vida cotidiana. A foraclusão, que (des)organiza a vida mental do psicótico, não é estranha aos primórdios da vida psíquica. Aliás, muito pelo contrário. Tampouco tem seus vestígios apagados em formações psíquicas que julgamos pertencer à estrutura neurótica. Senão, vejamos.

1. Conta-me a mãe de Felipe, um menino de 4 anos que apresentava dificuldade no controle esfincteriano, que, vendo o filho repentinamente urinar na calça, lamentara: "Puxa vida, você

está de novo fazendo xixi na calça! Eu não disse que, quando você estivesse com vontade de fazer xixi, era para correr para o peniquinho?". Ao que a criança respondera, meio brava, em defesa própria: "Mas também, ninguém me avisou, né?". Guardemos por ora essa constatação, que nos será importante na discussão: Felipe quis dizer que *a mãe não o informara de que ele próprio estava com vontade de fazer xixi.*

2. Tiago, de 6 anos, leva um pacote de bolachas à sessão. Deixa-o num canto e se põe a brincar como de costume. Num determinado momento, lembra-se de que a bolacha está ali e passa a olhar fixamente para o pacote, cessando a atividade que vinha fazendo até então. Eu faço um comentário simples e óbvio, do tipo: "Você está olhando para suas bolachas...". Ele então me responde: "Sim! Você quer que eu coma uma?".
3. Joaquim é um moço de quase 30 anos, que busca se afirmar na mesma profissão de seu pai. Isso lhe traz segurança, por poder receber indicações do pai para trabalhos menores que ele, o pai, não tem mais condições de pegar. Ao mesmo tempo, traz-lhe insegurança, por se sentir sempre inferior ao pai e se perguntar, obsessivamente, se este estaria aprovando cada trabalho que faz. Numa sessão ele me conta, empolgado, que recebera uma encomenda, de uma fonte não ligada diretamente ao pai, para um trabalho de porte maior do que estava acostumado a fazer até então. E emenda: "Assim que recebi a proposta, fui correndo ao escritório de meu pai para lhe perguntar se eu *queria* pegar o trabalho". Claro que, em se tratando de um paciente neurótico, inteligente, bem-humorado, com uma análise já avançada, bastou que eu repetisse o que ele dissera para que nos puséssemos a rir do belo ato falho que acabara de cometer. Ato falho que nos serviria, por um bom tempo, de paradigma para, num vocabulário idiopático daquela análise, nos referirmos simbolicamente ao eixo de seu temor edípico pelo pai.

4. Manoel, um médico de 40 anos, com diagnóstico psiquiátrico de esquizofrenia desde os 24, chega transtornado à sessão e me diz: "Hoje eles não estão me dando sossego. Esse monte de diabinhos enfileirados aqui em cima [mostra com a mão o espaço à frente e ao alto de sua cabeça] não param de tirar sarro de mim. Falam muito alto e sem parar, rindo de mim, e não me deixam prestar atenção em mais nada. Estou exausto". E me pergunta se estou ouvindo a barulheira. Respondo que não, mas que posso acreditar que ele esteja muito incomodado com o barulho que ouve. Ele então me solicita: "Mesmo você não ouvindo, você pode pedir para eles pararem de falar? Porque a mim eles não obedecem. Mas a você eles vão respeitar. Por favor, peça. Mesmo você não os ouvindo, eu sei que eles ouvem você". Então eu peço silêncio, e os diabinhos realmente se calam. Mas Manoel me diz que teme pelo momento posterior à sessão, pois os diabinhos poderão se vingar pelo fato de ele ter recorrido a mim, e, sem minha autoridade para fazê-los se calarem, poderão perturbá-lo em dobro, como retaliação. Manoel tinha surtos psicóticos esporadicamente. Começavam invariavelmente com a alucinação auditiva de falas reprovadoras da mãe, falecida quando ele se formou na faculdade. Em geral as vozes provinham do lustre de sua casa. Ela o acusava de ser homossexual e dizia conhecer seus desejos e saber sobre sua vida sexual, o que o deixava atemorizado e exasperado.

A essas quatro situações quero agregar outras três, duas delas bem conhecidas na pena de Freud, e uma terceira retirada do filme *Estamira*.[2] Vou me referir muito rapidamente a essas passagens, apenas como lembrança de fenômenos bastante conhecidos, seja na literatura, seja na experiência do contato com pacientes psicóticos.

---

2 Prado, M. (Diretor), & Padilha, J. (Produtor). (2005). *Estamira* [Documentário]. Brasil: Zazen.

5. Na terceira seção do artigo "Novos comentários sobre as neuropsicoses de defesa", que trata do fenômeno da paranoia, Freud (1896/1981b) conta do caso de Frau P., que, num determinado momento de sua vida, desenvolve uma alucinação. Primeiro, sente que seus vizinhos passam a tratá-la de modo grosseiro e sem consideração. Logo mais, passa a ter alucinações auditivas: "começou a ser importunada por vozes que não reconhecia nem podia explicar. Quando na rua, elas diziam: 'Esta é a Frau P. Lá vai ela! Onde estará indo?'" (p. 202). O que queria dizer, de acordo com sua interpretação, que estavam a dizer que ela, uma mulher casada, estava se dirigindo a algum encontro erótico. E que, portanto, estava sendo acusada de adultério.
6. No caso de Schreber (Freud, 1911/1981c), além do delírio interpretativo com o qual ele procura aplacar e subjugar as fantasias homossexuais inconscientes que o assaltam, há alucinações auditivas acusadoras. Deus o escolhe para todo tipo de provação, emasculando-o, degradando seu corpo e o transformando em sua mulher. Mas tamanha humilhação se transforma, dentro do sistema delirante interpretativo, na glória maior de ser a própria mulher de Deus e, assim, por este copulados, dar origem a uma humanidade melhor. Mas, durante sua provação, vozes o acusam e humilham: "Diacho de sujeito! O diabo o leve!"; ou lhe dirigem perguntas vexatórias: "Por que você não c..a?" (p. 54). O médico Flechsig, a quem Schreber se afeiçoara quando foi por ele tratado, passa a ser sentido como perseguidor. A cadeia de deslocamentos liga então Flechsig a Deus, também perseguidor, alinhando-se inconscientemente à figura do pai severo e repressor. A perseguição a que estava exposto foi definida por Schreber como nada menos do que tentativas de *assassinato de sua alma*.
7. Estamira, personagem real do documentário que a retrata, costuma, de forma súbita e repentina, ser interrompida em

seu pensamento e em seu discurso por uma percepção que ela própria – com muita acuidade, eu diria – nomeou de "controle remoto". Ela está conversando com o interlocutor quando, num instante, para tudo e diz: "Deu o *controle remoto*". Essa entrada em cena do tal "controle remoto" é a forma como ela pode descrever o fenômeno da invasão de sua mente por um terceiro, distante, para o qual ela perde o controle, passando a ser por ele parasitada. É ele que entra em sua cabeça e pensa por ela, impondo-se inapelavelmente e retirando-a do comando de sua mente. Exatamente como um controle remoto programa e domina um aparelho eletrônico.

A foraclusão e seus vestígios

Vamos discutir as passagens descritas à luz do conceito de foraclusão, termo introduzido por Lacan (1966/1998) para nomear o mecanismo defensivo que opera na formação psicótica. Sua origem está na palavra que, no alemão de Freud, é a *Verwerfung*, mais comumente traduzida em português por *rejeição*. Muito cedo em sua obra, no artigo "As neuropsicoses de defesa", Freud (1894/1981a) faz o que foi, a meu ver, sua mais nítida definição de tal mecanismo, comparando-o com as formas de defesa operantes na histeria e na neurose obsessiva e enfatizando sua radicalidade. Quando se defende da dor por meio de uma fuga para a psicose, diz Freud, "o eu escapa da ideia incompatível; esta, porém, é ligada inseparavelmente a um fragmento da realidade, de modo que, à medida que o eu alcança esse resultado, ele se destaca também, parcial ou inteiramente, da realidade" (p. 72). Ou seja, opera-se uma alteração do eu, de modo que este perde sua integridade, uma vez que a parte que tomou contato com a ideia expulsa ou abolida também quer se destacar de seu todo integral.

No caso Schreber (Freud, 1911/1981c), encontraremos a continuidade dessa teorização freudiana sobre o mecanismo da rejeição na psicose, com a consolidação da ideia de que "aquilo que foi internamente abolido retorna desde fora" (p. 95). Ou seja, o que leva ao insuportável sofrimento psíquico do psicótico é o fracasso da defesa:

> *o desligamento da libido em relação à figura de Flechsig pode, não obstante, ter constituído o elementar no caso de Schreber; foi imediatamente seguido pelo aparecimento do delírio, que trouxe a libido de volta novamente para Flechsig (embora com sinal negativo, para assinalar o fato de que a repressão se efetuara) e anulou assim o trabalho da repressão. (p. 97)*

Esse raciocínio será a base de nossa tentativa de compreensão da natureza e da fenomenologia do sofrimento psíquico na psicose, que pode se definir como a sensação de uma invasão intolerável.

Em Nasio (1997, 2001) encontramos uma ampliação bastante interessante do alcance do mecanismo da foraclusão, que tem um grande valor para a clínica, seja da psicose ou não. Sabemos que, nos primórdios, a criança atribui o saber sobre si à mãe ou ao cuidador. Não é que a sensorialidade não seja acionada pela fome, pelo desconforto ou pela vontade de urinar ou evacuar. Mas, à falta de uma representação, quer da sensação corporal, quer de seu próprio eu, é a mãe quem anuncia e nomeia, por ações de cuidado e por palavras que as acompanham, o próprio estado de necessidade: "você está com fome", "você está com dor", "você está com vontade de fazer xixi" e assim por diante. Ou seja, o saber sobre si inicialmente provém do outro, e é seu cuidado que fará com que a criança gradualmente o represente e o tome para si. Ora, não seria descabido conceber essa relação inicial como algo que se assemelha ao funcionamento da foraclusão, por mais estranho que isso nos possa soar inicialmente. Nesse sentido, esse mecanismo defensivo se caracterizaria pela manutenção ou pela não superação desse estado inicial, o que nos dá uma dimensão fenomenológica do que seria mesmo a *experiência* da psicose.

Diga-se de passagem, esse fenômeno – que, *grosso modo*, se supera na formação neurótica – nunca tem seus vestígios completamente apagados. Está presente na psicopatologia da vida cotidiana, como atos falhos e chistes. Também é o que fundamenta boa parte do estabelecimento da transferência, na chamada atribuição do *suposto saber* ao analista, que vem a ser a condição mesma da análise. Pois bem, vamos examinar alguns aspectos das situações que levantei anteriormente.

A primeira vinheta, do caso de Felipe, é cristalina. No treinamento do controle esfincteriano desse menino sem nenhum transtorno psíquico grave, era a mãe quem tinha que lhe comunicar que ele estava com vontade de urinar. Ele já vinha estabelecendo o controle, mas este ainda apresentava falhas, não se completara. Portanto, é do maior interesse clínico e teórico sua resposta à mãe: "ninguém me avisou". Como disse, não é que a criança não tenha sensações, claro! Mas a representação ainda é rudimentar, e se completa com a enunciação do saber proveniente do campo do outro: "você está agora com vontade de fazer xixi". A mãe *sabe*, até porque, como mãe concernida ao cuidado do filho, pode entender toda uma série de sinais comportamentais que a criança dá sobre seus estados corporais e psíquicos.

Na segunda vinheta, Tiago tenta verificar se se encontra no analista o desejo de que *ele* coma a bolacha. Premido por algum sentimento superegoico, provavelmente ligado à dúvida sobre a adequação do ato de se alimentar dentro da sessão, ele ainda se confunde sobre a localização do desejo. É claro que tem fome, ou apenas vontade de comer as bolachas! Mas sua dúvida se expressa não pelo pedido de permissão: "posso comer as bolachas aqui?", mas pela ideia de que é o analista quem quer ou não que ele as coma.

A terceira vinheta, do caso de Joaquim, numa lógica semelhante à da precedente, traz um ato falho altamente esclarecedor do funcionamento neurótico dentro da elaboração de um conflito edípico bastante rigoroso. O paciente, um jovem inteligente, criativo e trabalhador, que vinha havia quatro anos fazendo um trabalho analítico intenso e profícuo, tinha um temor reverencial pelo pai, muito acima da média do que se verifica em outros jovens de seu meio. É certo que o pai era um profissional muito bem-sucedido, gozando de fama nacional e até mesmo internacional, e fazia um juízo rigoroso de tudo e de todos que não facilitava a vida do filho. Essa questão era central em sua análise. Quando Joaquim faz o ato falho – de valor didático tanto para si mesmo quanto para nosso estudo do inconsciente –, dizendo que fora perguntar ao pai se este *queria* que ele realizasse um trabalho, em vez de dizer que fora perguntar se ele *deveria* aceitar a proposta, caímos, ambos, na gargalhada. Não se fazia necessária nenhuma interpretação. Estava tudo claríssimo para a dupla.

Uma regressão se processara, tocando o que chamo aqui de *vestígio* arcaico da foraclusão, ainda que no caso de um sujeito cujo aparato psíquico estava organizado no plano neurótico. A consulta "devo (ou posso) realizar este trabalho?", que se dá no nível da ação do supereu, num contexto edípico turbulento, mas suficientemente atravessado, resvala inconscientemente para o nível arcaico da colocação do saber sobre si na mente do pai. A aparição de um vestígio da foraclusão, nesse caso, revela-se como oportunidade para um *insight*, o que só é possível porque se encontra assegurada pela coesão do eu.

Já a quarta vinheta fala de um processo *extremo*, concernente a nosso objeto central no presente estudo. Aqui estamos completamente dentro do campo da psicose. Manoel é atravessado pelo outro, seu saber e seu sadismo. É reduzido a algo como uma embalagem furada que não tem como se defender da invasão. Tudo o que, no caso de Joaquim, encaramos com humor e concebemos como *insight*, no caso de Manoel vivíamos como sofrimento extremado, terrível e, por que não dizer, horripilante. O outro era presença real, ou seja, era o fracasso da defesa que o trazia, inelutavelmente, para dentro da experiência psíquica, dando ensejo a um sentimento de total impotência. O elemento trágico dessa forma de tormento psíquico decorre da redução da própria mente à condição de terra arrasada, como um país tomado por outro numa guerra desproporcional.

Nem precisamos de muito esforço para entrever esse mesmo processo nos casos de psicose retirados da obra de Freud, no quinto e no sexto exemplos. Frau P. era invadida pela acusação que ouvia na rua por meio de vozes. Seria, como sói ocorrer na paranoia, uma autoacusação original que retornava por meio da alucinação? Como define Lacan (1955-1956/1985), a projeção, na psicose, não pode ser tomada no sentido comum de sua acepção na psicologia. Na psicose, ela é "o mecanismo que faz voltar de fora o que está preso na *Verwerfung*, ou seja, o que foi posto fora da simbolização geral que estrutura o sujeito" (p. 58).

Cabe aqui, apenas incidentalmente, lembrar a discussão a respeito do estatuto do supereu na psicose, polêmica que tem uma longa trajetória na história da psicanálise.[3] Num trabalho elucidativo desse problema, Luque (1983) enumera algumas formas possíveis de ação do supereu, de modo comparativo, na histeria, na neurose obsessiva, na melancolia e na psicose paranoide. Sem estender o assunto, o que é de nosso interesse aqui é sua afirmação

3 Este ponto é discutido pormenorizadamente no capítulo 2 do livro *A eternidade da maçã: Freud e a ética* (Ferraz, 2024).

de que, "na paranoia, o supereu perde sua cobertura identificatória e deixa de ser garantia ante a angústia, revelando-se como presença horrorosa" (p. 652). Sublinho a felicidade da expressão "perde sua cobertura identificatória" para caracterizar esse processo de invasão pela acusação alucinatória.

O mesmo se verifica no caso de Schreber, quando o eu se vê ameaçado de demolição e já não pode fazer barreiras contra o que provém (volta?) do exterior. Nesse processo, conforme Lacan (1955-1956/1985), os delírios e as alucinações, em vez de formações sintomáticas como verificado na neurose, são, na verdade, uma resposta "num nível mais profundo da realidade" (p. 97). Ou seja, foi exatamente o mecanismo defensivo que inicialmente visava à fuga da realidade aquilo que acabou por lançar o psicótico, inapelavelmente, à sujeição bruta a ela mesma. Referindo-se criticamente a um trabalho em que Kris[4] descrevia um caso de psicose, Lacan afirma que a resposta do paciente em questão à interpretação do analista "não mostrava nada". E conclui: "Irei mais longe – direi que ele não mostra absolutamente nada, que é essa alguma coisa que se mostra" (p. 97). No compreensível jargão dos analistas lacanianos, o sujeito "não fala", mas "é falado".

Mais uma vez sem me estender, lembro aqui que essa invasão do outro na psicose tem valor didático sobre a própria origem do inconsciente de modo geral, a julgar pelo aforisma que reza que *o*

4 Ernst Kris, expoente da corrente estadunidense da *psicologia do ego*; no trabalho em questão, o analista relata o caso de um paciente que se acusava de ter cometido um plágio numa tese acadêmica. Kris coteja a obra do paciente com a tese supostamente plagiada e não verifica plágio algum. Ele então interpreta o paciente no plano do real, afirmando não haver plágio e desqualificando, portanto, a autoacusação. É esse procedimento que Lacan critica, apoiando-se na passagem ao ato que sucedera a intervenção do analista: na sessão seguinte o paciente contou que, saindo da sessão em que ouvira tal interpretação, dirigira-se a um restaurante que servia "miolos frescos".

inconsciente é o outro. Mas há modos e modos de elaboração desse *outro* nas diversas formações estruturais do aparato psíquico e, portanto, na psicopatologia... Mas isso já é objeto para outro estudo.

No caso de Estamira, retratada no documentário de Marcos Prado, o que eu gostaria de mostrar aqui, como já introduzi, era sua genial denominação do fenômeno do *delírio de influência* já bastante estudado na psiquiatria no campo da psicose, ainda que aqui se trate de uma alucinação. Estamira dá-lhe o nome de *controle remoto*, num exemplo que, como a poesia, nos fala mais do que páginas e páginas de demonstrações teóricas.

À guisa de conclusão

O que procurei trazer neste pequeno estudo foi uma tentativa de compreensão metapsicológica do sofrimento extremado na psicose. Conforme o material clínico e os fragmentos de teoria a que recorri, podemos dizer que tamanho sofrimento psíquico se origina do paradoxo decorrente do fracasso da defesa, com o inexorável retorno do rejeitado a partir do real. O abolido se impõe, contrariando e anulando o trabalho inicial da defesa mais radical a que se pode recorrer, qual seja, a foraclusão.

Essa conclusão de caráter metapsicológico deve nos orientar, e não nos colocar a produzir racionalizações, quando nos encontramos no duro contato com o paciente psicótico em nossa clínica de cada dia. Não são todos os analistas que trabalham com a clínica da psicose, recebendo em seus consultórios pacientes francamente delirantes ou alucinados. Mas, para os que o fazem, não há dúvida de que estão *no extremo da experiência* de analistas, em franca homologia com seu paciente que se encontra *no extremo da experiência psíquica*. Ninguém sai ileso do contato com a psicose, especialmente quando se estabelece genuinamente algo que mereça ser chamado de *contato*. Sabemos à exaustão que, na psicanálise, o instrumento com que o analista trabalha é seu próprio aparato psíquico.[5]

Quero, por fim, jogar alguma luz num ponto que muitas vezes não se ilumina na teoria da clínica da psicose. Ao lermos os tratados psicanalíticos sobre a ruptura com a realidade operada na psicose, ou – o que dá na mesma – a ausência de alteridade em razão do funcionamento narcísico do psicótico, ficamos com a impressão de que não há contato possível com esses pacientes. Parece que a condição da objetalidade foi danificada irreparavelmente. Mas, então, o que dizer do apelo de Manoel para que eu o acudisse, ordenando que se calassem as vozes que o aturdiam? Não digo que o analista não possa ser engolfado pela retirada da catexia libidinal do psicótico (particularmente na paranoia), mas creio que os rudimentos de relação objetal se fazem presentes e são, eles mesmo, os veículos privilegiados de nosso contato e nossa intervenção. Finalizo: mais do que crença, trata-se de uma disposição ética a tornar possível algo como uma clínica psicanalítica da psicose.

Referências

Ferraz, F. (2000). *Andarilhos da imaginação: um estudo sobre os loucos de rua*. Casa do Psicólogo.

Ferraz, F. (2024). *A eternidade da maçã: Freud e a ética*. Blucher.

Freud, S. (1981a). As neuropsicoses de defesa. In S. Freud, *Edição standard brasileira das obras psicológicas completas de Sigmund Freud* (Vol. III, pp. 57-74). Imago. (Trabalho original publicado em 1894).

Freud, S. (1981b). Novos comentários sobre as neuropsicoses de defesa. In S. Freud, *Edição standard brasileira das obras*

5 Esse ponto é discutido com maiores detalhes no capítulo 3 do livro *Andarilhos da imaginação: um estudo sobre os loucos de rua* (Ferraz, 2000).

psicológicas completas de Sigmund Freud (Vol. III, pp. 187-216). Imago. (Trabalho original publicado em 1896).

Freud, S. (1981c). Notas psicanalíticas sobre um relato autobiográfico de um caso de paranoia (*Dementia paranoides*). In S. Freud, *Edição standard brasileira das obras psicológicas completas de Sigmund Freud* (Vol. XII, pp. 23-105). Imago. (Trabalho original publicado em 1911).

Lacan, J. (1985). *O seminário* (Livro 3: As psicoses). Jorge Zahar. (Trabalho original publicado em 1955-1956).

Lacan, J. (1998). *Escritos*. Jorge Zahar. (Trabalho original publicado em 1966).

Laing, R. D. (1978). *O eu dividido*. Vozes.

Luque, E. M. M. (1983). Ideal del yo/superyó: su estructuración y sus implicancias en la clínica. *Revista de Psicoanálisis*, *15*, 637-678.

Nasio, J.-D. (1997). O conceito de foraclusão. In J.-D. Nasio, *Lições sobre os sete conceitos cruciais da psicanálise* (pp. 149-160). Jorge Zahar.

Nasio, J.-D. (2001). A foraclusão localizada. In J.-D. Nasio, *Os grandes casos de psicose* (pp. 217-226). Zahar.

4. Psicanálise e pragmática da linguagem[1]

O trabalho de Jurandir Freire Costa, em toda a sua extensão, percorreu diversas temáticas, sempre deixando como resultado artigos e livros que se tornaram referências para a psicanálise e as ciências humanas brasileiras em geral. Foi assim com objetos de investigação como a história da psiquiatria no Brasil, a ordem médica, a violência, o racismo, o homoerotismo, o amor romântico, a ética e a pragmática da linguagem em suas relações possíveis com a psicanálise. Ainda que se trate de pesquisas temáticas sobre objetos diversos, que foram se sucedendo no tempo em sua pesquisa acadêmica, é possível distinguir uma linha mestra, tanto teórica como ética, que constitui um fio que as conecta e lhes confere uma identidade, digamos, filosófica.

Como objeto deste artigo, tomei o trabalho de Costa associado ao estabelecimento das relações possíveis entre a psicanálise e a pragmática da linguagem. Embora essa operação esteja presente, de certo modo, em boa parte de seus escritos, creio ter sido

1 Publicado originalmente em: Ortega, F., Soares, G. B., Gama, J. A., & Assy, B. (Orgs.). (2024). *Pensar o sujeito, agir no mundo: diálogos com a obra de Jurandir Freire Costa* (pp. 223-241). Blucher.

no capítulo inicial do livro *Redescrições da psicanálise*, intitulado "Pragmática e processo analítico: Freud, Wittgenstein, Davidson, Rorty" (Costa, 1994b), que o autor se debruçou mais detidamente sobre a questão, explicitando, de maneira mais acabada, o arcabouço teórico que embasa um segmento considerável de seu pensamento clínico. Portanto, esse texto será a referência fundamental no diálogo que estabelecerei com suas ideias.

Pretendo examinar sua proposta de tomar a pragmática da linguagem como fundamento possível tanto de uma teoria do sujeito quanto do método psicanalítico. Tal fundamento, como demonstra nosso autor, pode ser colocado, com vantagens éticas e metodológicas, no lugar das primeiras justificativas epistemológicas de Freud, por um lado, e das subsequentes proposições neoestruturalistas da escola lacaniana, por outro.[2] Ao fim, defenderei a ideia de que o fundamento proposto por Costa se encontra mais afinado com as exigências que a psicanálise enfrenta na atualidade, relativas ao que, *grosso modo*, tem sido definido como afirmações identitárias em geral. Falar em "redescrições" do sujeito na clínica psicanalítica, *stricto sensu*, impõe uma correspondente mudança *lato sensu*, que vem a ser as "redescrições da psicanálise", título do livro em que está o artigo que nos guia.

Conheci Jurandir Freire Costa no ano de 1992, quando ele esteve no Departamento de Psicanálise do Instituto Sedes Sapientiae, em São Paulo, ministrando um seminário sobre a assim chamada "perversão". Foi quando veio à luz o livro *A inocência e o vício* (Costa, 1992), o primeiro volume de seus estudos sobre o homoerotismo, que tive a oportunidade de resenhar para a revista *Percurso*

2 Laplanche (1992) faz exatamente uma operação de troca de fundamentos para a psicanálise, afastando a necessidade de demolir o corpo funcional de sua clínica. Ele utiliza a metáfora da troca ou recuperação dos alicerces de uma construção, cuidando que se faça um escoramento enquanto a obra se processa, de modo a não deixar desmoronar o edifício.

(Ferraz, 1992). Nesse livro, tanto quanto no segundo volume dessa extensa pesquisa, *A face e o verso* (Costa, 1995), estavam presentes preocupações de ordem teórica e clínica que, de forma direta ou indireta, atravessam toda a sua obra.

A assunção radical do princípio de que a identidade sexual e o desejo são contingentes, não podendo, portanto, situar-se no plano da natureza, já marcava o posicionamento ético e metapsicológico que incidia numa espécie de crítica às versões biologizantes e adaptativas do legado de Freud. Além disso, mostrava-se ali a influência que o autor recebia da pragmática da linguagem, expressa, por exemplo, numa certa acepção de verdade que se assumia como suporte para repensar a "verdade" do sujeito, perseguida pela clínica psicanalítica desde seu surgimento. Claro, na esteira desse problema se assomava a própria definição de sujeito, cujo entendimento se entrevia como uma construção no seio da linguagem, mas pensada já de maneira diferente do que pregava a psicanálise de inspiração neoestruturalista.

Desde então, tive o privilégio de, junto com tantos leitores do Brasil, acompanhar o pensamento de J. F. Costa e receber sua influência intelectual em toda a minha trajetória, seja na pesquisa acadêmica, seja na clínica psicanalítica. Em 1999, tive a fortuna de tê-lo na banca examinadora de minha tese de doutorado, no Instituto de Psicologia da Universidade de São Paulo (IPUSP).

A problemática das descrições e das redescrições do sujeito no processo analítico, de modo incidental, já vinha à baila nos estudos sobre o homoerotismo, quando se tratava de examinar a forma como os sujeitos se descreviam – por exemplo, ao chegarem à entrevista com o analista. Dizer-se "homossexual" era uma descrição que trazia o mais essencial de sua identidade? Para um aprofundamento teórico sobre esse problema, que não é de pequena monta para a prática psicanalítica, Costa se valeu de um dos pilares da pragmática da linguagem, a saber, a noção de *redescrição*, penso eu que como apoio para enfrentar a alienação dos sujeitos em autodescrições por vezes imobilizadoras e mesmo opressoras.

No citado artigo "Pragmática e processo analítico" (Costa, 1994b), o autor afirmava que os instrumentos teóricos da pragmática da linguagem podiam conviver teoricamente com a psicanálise com expressivos ganhos éticos, e que ele próprio o demonstrara em trabalhos anteriores sobre o racismo e o homoerotismo. O artigo em questão tem como ponto de partida a célebre menção de Freud (1905/1981a) a Leonardo da Vinci, na oposição que este fazia entre escultura e pintura, tomando-a como metáfora para a diferença radical entre os métodos da sugestão e da psicanálise propriamente dita, cuja técnica ainda se buscava afirmar:

> *Há, na realidade, a maior antítese possível entre técnica sugestiva e analítica – a mesma antítese que, com relação às belas-artes, o grande Leonardo da Vinci resumiu nas fórmulas:* per via di porre *e* per via di levare. *A pintura, afirma Leonardo, opera* per via di porre, *pois ela aplica uma substância – partículas de cor – onde nada existia antes, na tela incolor; a escultura, contudo, processa-se* per via di levare, *visto que retira do bloco de pedra tudo o que oculta a superfície da estátua nele contida. De modo semelhante, a técnica de sugestão visa a processar-se* per via di porre; *não se interessa pela origem, força e significação dos sintomas mórbidos, mas ao revés, superpõe algo – uma sugestão – na expectativa de que será bastante vigorosa para impedir que a ideia patogênica venha a expressar-se. A terapia analítica, por outro lado, não procura acrescentar nem introduzir nada de novo, mas retirar algo, fazer aflorar alguma coisa, sendo que para esse fim se preocupa com*

> *a gênese dos sintomas mórbidos e o contexto psíquico da ideia patogênica que procura remover. (pp. 270-271)*

Esse trecho de Freud tornou-se bastante conhecido e foi frequentemente citado como expoente, a um só tempo, da técnica e da ética psicanalíticas. Não é difícil compreender que nele se expõe com clareza a necessidade imperiosa que tinha a psicanálise de superar a técnica da sugestão para se firmar como método capaz de fazer emergir o inconsciente, tomado como a própria verdade oculta (recalcada) do sujeito. E, pelo lado da ética, já se assinalava uma espécie de protótipo dos ideais de abstinência e neutralidade, que seriam explicitamente postulados anos mais tarde, nos artigos sobre técnica (Freud, 1915/1981c). A renúncia que o analista devia fazer aos próprios juízos de valor e a seus eventuais desejos sobre o paciente seria a condição para que este se libertasse dos ideais parentais, ou seja, para sua desalienação em relação ao desejo do outro, como expressaria Freud (1940/1981), de modo contundente, anos depois, no "Esboço de psicanálise", texto que se tornaria uma espécie de inventário de sua obra:

> *Por mais que o analista possa ficar tentado a transformar-se num professor, modelo e ideal para outras pessoas, e criar homens à sua própria imagem, não deve esquecer que essa não é sua tarefa no relacionamento analítico, e que, na verdade, será desleal a essa tarefa se permitir-se ser levado por suas inclinações. Se o fizer, estará apenas repetindo um equívoco dos pais, que esmagaram a independência do filho através de sua influência, e estará simplesmente substituindo a primitiva dependência do paciente por uma nova. Em todas as suas tentativas de melhorar e educar o paciente, o analista deve respeitar a individualidade deste. (p. 202)*

Tudo isso é fácil de compreender quando relacionado com a necessidade da suspensão do desejo alienante do outro e da superação da sugestão. Mas, com todas as vênias possíveis, o que quero aqui problematizar é a própria procedência da afirmação de Leonardo e, *a fortiori*, de sua adoção por Freud. Espanta-me que ela tenha sido repetida *ad nauseam*, sem que sua flagrante fragilidade lógica fosse denunciada por nenhum autor, ao menos pelo que me consta. É tentador tomar por sintomático esse possível equívoco perpetuado, mas por ora deixarei de lado uma abordagem por esse viés. Vamos ao ponto.

É bastante compreensível que Freud comparasse o método analítico ao trabalho do arqueólogo, que cuida de fazer aparecer aquilo que se encontra soterrado, uma vez que o objeto descoberto *de fato* está sob a terra ou algum escombro. Assim, a representação inconsciente atingida pela análise, ao menos segundo os ideais iniciais da teoria clínica psicanalítica, ali estaria pronta para ser descoberta.[3] Trata-se do que Costa (1994b) chama em seu texto de *metáfora da estátua oculta*. Mas, se examinarmos a comparação feita por Leonardo entre pintura e escultura, vamos entrever que ali existe um pressuposto absurdo, que é o de que *a estátua se encontra oculta dentro da pedra a ser esculpida*. Como assim? Existe uma estátua dentro da pedra, à semelhança do objeto que jaz sob a terra na ruína arqueológica? É claro que não!

Não deixa de ser sintomático que Freud, que utilizava a metáfora da escavação arqueológica para o processo de investigação analítica, tenha usado essa passagem de Leonardo. Mas deixemos isso de lado, por ora. O que vale dizer, por enquanto, é que a comparação feita por Leonardo se aplica apenas à superficialidade da

3 Ainda que se saiba que a avaliação do valor de uma peça encontrada no trabalho do arqueólogo também está sujeita a uma teoria precedente que lhe designe a significação.

natureza das diferentes técnicas, a da pintura e a da escultura. Ou seja, só diz respeito ao fato de que uma leva a tinta para a superfície da tela, e a outra funciona por retirada de partes da pedra. Mas claro está que a pedra, em estado bruto, é algo tão virgem de forma artística quanto uma tela em branco! Nesse sentido, não há diferença entre pintura e escultura: em ambas, o artista é quem dá forma e vida à obra. Desse modo, o que se pode dizer, preliminarmente, é que Freud, para falar do ato analítico de atingir uma suposta "estátua" pronta e oculta, isto é, o inconsciente recalcado, lança mão da comparação com uma técnica, a da escultura, que forja sobre a pedra uma imagem, mas sobre uma pedra bruta, que nada guarda de formas previamente existentes dentro de si.

A razão pela qual me detenho aqui nessa comparação problemática, feita por Leonardo e repetida por Freud, é o fato de Costa ter tomado como eixo de sua discussão exatamente a procedência da ideia de que a análise de fato opera *per via di levare*, como quis Freud e como a tradição psicanalítica adotou à guisa de regra de ouro do método clínico. Costa desenvolve sua argumentação rumo à demonstração de que a análise não pode operar *per via di levare*. Mas sustentar que o trabalho analítico se dá *per via di porre*, sem evidentemente retroceder à técnica da sugestão, exigirá uma fundamentação baseada tanto numa ética quanto numa lógica próprias de certa concepção de sujeito em sua relação com a linguagem. Essa empreitada teórica se desenvolveu por meio de um recurso minucioso à pragmática da linguagem, pareada com uma crítica de concepções de sujeito próprias da psicanálise fundamentada nas teorias neoestruturalistas. Sigamos pela trilha aberta por Costa para compreender seu argumento.

Supondo que a "escultura oculta" exista, ela seria definida como um precipitado de representações recalcadas que, em última instância, constituiria a própria "verdade" histórica ou vivida do sujeito, como se depreende de uma leitura mais literal de Freud, particularmente na parte de sua obra anterior ao advento da segunda tópica. Ocorre que essa escultura seria uma metáfora escondida a pedir um "intérprete", ou seja, um analista que, enquadrando a fala do analisando em suas normas técnicas, obtém o passado inconsciente – sexual e infantil – como verdade do sujeito contida no dito e na transferência.

Outra forma de encarar a questão, que contém uma crítica a essa visão que se considera, digamos, mais "ingênua", provém da corrente neoestruturalista da psicanálise. Segundo essa versão, a verdade do inconsciente não estaria materializada nem seria "histórica", como se supõe na estrita leitura de Freud. Lembranças esquecidas ou representações recalcadas só podem ser pensadas quando se recorre a uma noção de linguagem como estrutura que permite a transição de um acontecimento sem sentido para um acontecimento com significação. Ou seja, em vez de pensar em termos de verdade histórica ou materialidade intacta da representação recalcada, julga-se necessária uma forma linguística que nos faça compreender os fenômenos como aquilo que entendemos que são. A "escultura oculta", em vez de conjunto de representações recalcadas na tópica do sujeito, passa a ser definida como a própria "arquitetura da linguagem", ou "arquitetura que determina o sentido que o sujeito dá de sua história, independente de suas intenções conscientes ou das intenções do intérprete" (Costa, 1994b, p. 10).

Assim, tentando superar a ideia inicial freudiana da materialidade de um inconsciente como local em que se conservam representações recalcadas, a corrente neoestruturalista vem radicalizar a ideia contrária, ou seja, a de que no inconsciente não há histórias do sujeito, mas um sujeito da estrutura. Segundo Costa (1994b), essa visão tem como corolário a conclusão de que "a metáfora da escultura escondida seria o 'mito epistêmico' infantil da psicanálise":

> *O que importa em um processo psicanalítico é mostrar como o determinismo estrutural deu origem a um sujeito do desejo, no qual sintomas e histórias de vida são meros acasos retrospectivamente racionalizados como* história psicológica. *Esta é a verdade analiticamente pertinente, verdade que não está sujeita às exigências de verificação requeridas por sentenças que afirmam a existência de propriedades de coisas ou eventos.* Per via di levare, *sim. Mas de modo radical. Além das verdades históricas ou das histórias contadas, a análise, se realmente é psicanálise, exibe o "sem-sentido" do sujeito e do desejo na estrutura da linguagem. (p. 13)*

Pode-se concluir que, seja na versão freudiana, seja na neoestruturalista, o processo analítico se define como uma operação que se dá, invariavelmente, *per via di levare*, visando à descoberta de uma representação recalcada, com sua materialidade histórica, ou à verdade do sujeito do desejo estruturado como uma linguagem.

É aí que entra a proposição de Costa no sentido de encarar de modo diferente esse escopo do método, substituindo-se os fundamentos epistemológicos anteriores por outros presentes na pragmática da linguagem. O ideal de um processo analítico definido pela descoberta do inconsciente, seja este histórico ou linguístico, pode ser assimilado, segundo nosso autor, ao que Rorty (1988) chamou de ideal de *autopurificação*, ao qual se opõe o ideal de *autoenriquecimento*. A substituição do primeiro pelo segundo, de acordo com Costa, traria diversas vantagens teóricas, que ele procura demonstrar pelo recurso às teorias pragmáticas de Davidson, Rorty e Wittgenstein, mediante a crítica a três dos pressupostos teóricos embutidos no ideal de autopurificação: "a) o sujeito como termo extralinguístico; b) a linguagem como uma 'estrutura invisível'; c) a verdade como tribunal de crenças" (Costa, 1994b, p. 15). Detenhamo-nos particularmente no primeiro deles.

Para Rorty (1988), o ideal de autopurificação, decorrente do idealismo racionalista pós-kantiano, conduz à noção de um sujeito descolado dos processos que o constituem, a exigir, portanto, que se considere a existência de uma subjetividade discernível da realidade linguística que a forja. Assim, o sujeito só poderia ser um significante à parte dos outros, de modo a ocupar um lugar especial a partir do qual imanta os demais significantes. Na teoria neoestruturalista, o sujeito tem essa primazia porque só ele fala, fazendo com que a cadeia significante possa circular e, assim, funcionar como linguagem. De forma muito sucinta, o que Costa (1994b) vê como uma das falhas de tal concepção é que a ideia de sujeito acaba tendo que preceder a teoria que, em princípio, deveria explicar sua gênese. Para o processo analítico, o impasse seria assim equacionado:

> *A questão é, do lado do sujeito interpretado: por que imaginá-lo como distinguível da linguagem? Por que defini-lo como um significante especial, portador das significações obrigatórias do desejo do Outro, por força das leis do parentesco? Do lado do intérprete, a questão é: quem ou o que autoriza um falante a imaginar que pode descrever a forma lógica inicial da linguagem, sem recorrer a teorias históricas ou operacionalmente contextualizadas? Até posterior contra-argumentação, penso que só crenças idealistas e racionalistas poderiam tornar plausível esta maneira de conceber o sujeito no processo psicanalítico. (pp. 20-21)*

O que se oferece, então, no lugar do ideal de autopurificação? Junto com Rorty, Costa propõe o ideal de autoenriquecimento, que, deixando de lado a indagação de qual é a verdadeira essência do sujeito, pergunta-lhe como ele pode se redescrever de modo a tornar-se melhor para consigo mesmo. Ora, uma indagação desse tipo operaria, portanto, *per via di porre*, em oposição à *via di levare* implícita nas metáforas da escultura oculta e da estrutura invisível. Se o sujeito, de acordo com a pragmática, não mais ocupa o lugar de significante privilegiado ou à parte dos demais significantes, ele não é mais o referente metafísico da atividade de organizar experiências e produzir julgamentos, nem remanescente lógico necessário à estrutura para explicar o surgimento das significações. Ele será, de outra maneira, "parte da rede de crenças e desejos que deve ser postulada como causas interiores do comportamento linguístico de um organismo singular" (Rorty, citado em Costa, 1994b, p. 21), numa concepção originalmente devida a Davidson.

Ademais, os enunciados que o constituem são *intencionais*, no sentido dado a esse termo por Brentano (1874/1995) e adotado pela fenomenologia de Husserl (1900/1975), para a qual o termo *intencionalidade* quer dizer "endereçamento e finalidade".[4] Assim, todo comportamento linguístico pode ser justificado por força de seu fim, que, em última instância, será o de alterar estados mentais do sujeito.

Chegamos agora ao momento de examinar o modo como a introdução do referencial da pragmática poderia contribuir para pensar um processo psicanalítico comprometido com a desalienação e o ganho de autonomia dos sujeitos. Creio ser possível articular a proposta de Costa com as exigências que hoje são feitas à psicanálise pelos movimentos culturais de afirmação de identidades que, até então, podiam estar recalcadas sob o véu de várias formas de normatividade, as quais, silenciosamente, prestavam-se como

4 Em Husserl (1900/1975) já estava presente a ideia de língua como comportamento social.

auxiliares de políticas de hegemonia e dominação. O caminho da pragmática, como vimos, é o de indagar ao sujeito qual modo de se redescrever o torna melhor para consigo mesmo. Uma concepção de processo analítico assim orientada atenderia ao mesmo tempo a dois imperativos, o primeiro de ordem lógica, e o segundo de ordem ética. Mas, antes de concluir com o ganho ético desse modo de encarar a análise, quero passar rapidamente por considerações epistemológicas que dão indicações de que a *via di levare* é, em última instância, um ideal inviável.

Começo pela própria evolução da obra de Freud. Nos tempos iniciais, como está muito bem marcado já nos *Estudos sobre a histeria* (Breuer & Freud, 1895/1981), a causa do sintoma é procurada como elemento material – o traço de memória esquecido – necessário à validação do método. Por exemplo, o que explica os sintomas conversivos de Elisabeth von R. é o pensamento que ela teve, quando da morte da irmã, de que, a partir daquele instante, o cunhado estaria livre e disponível para ela. Temos aí um exemplo acabado da operação *per via di levare*, pela qual a representação patógena inconsciente é descoberta.

Ocorre que, com o advento dos artigos sobre técnica dos anos 1910, particularmente "A dinâmica da transferência" (Freud, 1914/1981b), o método analítico se descola da busca da "coisa em si" das ideias recalcadas, para operar sobre o atual da neurose de transferência. Há um deslocamento de objeto que acontece em virtude de um reconhecimento da inviabilidade da pretensão original. Ou seja, constata-se que não existe algo como uma representação arcaica intacta, cujo acesso se dê independentemente da situação transferencial atual. E o mais interessante é que o método funciona, até melhor do que ao tempo do antigo pressuposto epistêmico. Com esse deslocamento de objeto, a psicanálise freudiana supera os imperativos da epistemologia das ciências da natureza rumo a um novo objeto, que se pode chamar de *psíquico*, e não mais de *natural*.

Mezan (2002), num trabalho minucioso sobre a epistemologia da psicanálise, apresenta a passagem da concepção de objeto natural para a de objeto psíquico, encontrável apenas no campo da transferência. Podemos pensar, em paralelo, na mudança semelhante que se operou na sociologia, que abandona a ideia de *fato social*, de Durkheim, então circunscrito e tratado metodologicamente à moda de objeto natural, para a constituição do objeto *cultural*, cuja investigação se daria por meio de outra metodologia. Em síntese, é a natureza do objeto que exige o método a ele adequado. Laplanche (1992) diz algo semelhante quando afirma que é a *objetalidade* que se encontra na investigação psicanalítica, e não a *objetividade*, sendo esta própria da psicologia. Isso significa que a psicanálise, historicamente, transpôs o objeto da conservação para encontrar o objeto da pulsão.

Em suma, ainda que Freud tenha mantido até o fim seu discurso de defesa da psicanálise como ciência dura, ele opera uma mudança de método inegavelmente exigida pelo encontro de um outro objeto, o da pulsão. Ora, se se trabalha "em transferência", a causa material do sintoma fica em segundo plano. Isso se torna patente, de forma acabada, no artigo "Construções em análise" (Freud, 1938/1981d), quando se diz que uma construção, sendo plausível, propicia o mesmo grau de *insight* e mudança psíquica que, nos primórdios da teoria psicanalítica, só seria admissível quando se tratasse da recordação de uma representação recalcada.

Para além de Freud, há outros pontos de apoio ao argumento de que a *via de levare* não se sustentou. No sistema kleiniano, por exemplo, a análise passa a operar exclusivamente na transferência. O passado não se busca, ele *está* no presente. Há até mesmo um questionamento da necessidade de estabelecer ligação do atual com sua raiz infantil, uma vez que os efeitos esperados sobre o sujeito devem decorrer da interpretação do *hic et nunc* da sessão analítica, e não da proposição de uma cena arcaica. Em Bion e Winnicott, é a própria *experiência* emocional da análise a assumir o lugar da recordação *stricto sensu*. *Rêverie* e *holding*, herdeiros da *continência* kleiniana, ocupam o lugar central do trabalho de análise.

Para além dessas considerações de cunho epistemológico, temos enfim as considerações éticas, que, no entanto, não são separáveis umas das outras. Retomemos a pergunta de Costa sobre os ganhos que a fundamentação pragmática, no lugar da neoestruturalista ou da clássica freudiana, traria para a clínica psicanalítica. Claro está que falar em *via di porre*, a partir de tudo que se argumentou, não tem mais nada a ver com a retomada do método sugestivo, ao qual Freud (1905/1981a) aplicou a expressão.

A autodescrição feita por um paciente pode estar ancorada na rede de crenças e desejos que o constitui, mas de modo a lhe tolher a realização. Dizer-se negro, homossexual, nordestino etc. de modo preconceituoso – contra si mesmo – denuncia a alienação numa rede de crenças que se costuma chamar de *discurso do Outro*. Uma nova autodescrição, assistida pelo analista, pode permitir o câmbio para outras redes de crenças que *implicam o próprio remanejamento do sujeito*. Isso porque, na concepção que se assume a partir da pragmática da linguagem, o sujeito *é*, ele mesmo, parte da rede. E, em oposição ao método sugestivo, não se impõe nada a esse sujeito; apenas permite-se que ele próprio se autodescreva de acordo com a rede de crenças que lhe for mais favorável, no sentido da dignidade.[5] E ele se transforma por força da redescrição linguística.

Esse ponto de vista a respeito do processo analítico impõe uma consideração ética sobre os discursos, fundamentada no

5 Dignidade, como salienta Muniz Sodré (2023), é "indissociável, em Kant, de duas outras características do humano: a liberdade e a razão" (p. 83).

entendimento da dimensão perlocutória da linguagem, definida como os efeitos produzidos pelo enunciado no interlocutor:

> *O sentido de um enunciado é composto de um* conteúdo proposicional *e de um* conjunto de circunstâncias, *o contexto, que conferem força ou eficácia transformadora ao que é dito. Ao falar, podemos modificar estados anteriores do sujeito e do mundo. (Costa, 1994a, p. 16, grifos do original)*

Portanto, certas formas de autodescrição alienantes se alinham ao que, em psicanálise, se denomina *compulsão à repetição*. A escolha moral de outras autodescrições teria o efeito análogo ao reconhecimento do traumático, que, na análise, propicia ao sujeito a saída da repetição mortífera, pela dissolução da recusa (ou desmentida). Afinal, como afirma Costa (1994b), "o modo como o sujeito é 'marcado pelo significante' repercute no desejo e torna-o sensível às mudanças da língua" (p. 16).

Uma redescrição levada a cabo pelo próprio sujeito pode apoiar-se em concepções favoráveis a si que ele encontra no meio cultural, que são "verdades" a substituir outras "verdades", desfavoráveis, que lhe são impostas.[6] Por essa razão, têm sido cada vez mais importantes as transformações civilizatórias que engendram novas descrições e oferecem aos sujeitos novas concepções e novos vocabulários que os definem. Isso se verifica, de maneira cristalina, na questão da reavaliação das identidades, raciais e sexuais. A possibilidade de novas autodescrições (que seriam então a *via di porre*

6 Muniz Sodré (2023) recorre a Wittgenstein para defender o ponto de vista de que "conceber uma linguagem é conceber uma forma de vida", o que tangencia o problema da discussão sobre a essência da verdade: "Verdadeiro e falso é o que os homens *dizem*; e é na linguagem que as pessoas concordam. Não se trata de uma concordância de opiniões, mas de formas de vida" (pp. 151-152).

em nova acepção) se amplia quando sustentada por construções culturais ou mudanças na *Weltanschauung*.

Tangemos aqui, de novo, o tema da intencionalidade dos enunciados linguísticos como formulado pela pragmática. Davidson (citado em Costa, 1994a), tratando da relação entre intencionalidade, causas e motivos, postula que "afirmar que um evento pode ser redescrito sem perder sua identidade quer dizer que pode ser reconhecido como o mesmo evento, embora interpretado com diferentes sentidos" (p. 32). Para Wittgenstein (citado em Costa, 1994a),

> *reduzir crenças morais a fatos empíricos significa, no mais das vezes, dissimular: a) que o que se descreve como "realidade material", como fato bruto, nada mais é do que "realidade linguística", sem suporte têmporo-espacial, como na efetiva realidade material dos objetos físicos; b) que estas "realidades linguísticas", malgrado o conteúdo descritivo de sua forma gramatical, em absoluto são neutras quanto a valores. (p. 32)*

Ora, a "escultura oculta" nada mais é que a ilusão da "realidade material". Portanto, a troca do ideal de autopurificação pelo de autoenriquecimento, na proposta de Rorty (1988), impõe-se tanto por exigência lógica quanto por necessidade ética.

Para finalizar, cito uma consideração de Ana Maria Sigal (2023) que ilustra com clareza o ponto de vista que aqui tentamos consolidar, em sua incidência sobre a clínica:

> *Temos que estar atentos, repensar nosso fazer e rever a teoria – pois o que era tratado anteriormente como falta de autoestima em pacientes negros ou pardos, em uma compreensão leviana, hoje tem que ser entendido como sofrimento psíquico causado em negros e negras devido*

> *ao preconceito e às discriminações raciais: é necessário legitimar esse sofrimento e é neste sentido que dizíamos que o diagnóstico também é político. Se não houvéssemos deslegitimado as falas destes indivíduos, nossa escuta poderia ter sido outra. Sabemos que este é um começo, que muito temos a aprender e que toda esta luta afeta também a psicanálise e a nós como psicanalistas.*

Não há como encerrar senão enfatizando a coerência lógica entre uma atitude clínica como essa e a fundamentação de sujeito que Costa busca extrair da pragmática da linguagem para fundar uma psicanálise eticamente melhor.

Referências

Brentano, F. (1995). *Psychology from an empirical standpoint*. Routledge. (Trabalho original publicado em 1874).

Breuer, J., & Freud, S. (1981). Estudos sobre a histeria. In S. Freud, *Edição standard brasileira das obras psicológicas completas de Sigmund Freud* (Vol. II, pp. 13-370). Imago. (Trabalho original publicado em 1895).

Costa, J. F. (1992). *A inocência e o vício: estudos sobre o homoerotismo*. Relume-Dumará.

Costa, J. F. (1994a). Introdução: como nos espelhos, em enigmas. In J. F. Costa, *A ética e o espelho da cultura* (pp. 17-55). Rocco.

Costa, J. F. (1994b). Pragmática e processo analítico: Freud, Wittgenstein, Davidson, Rorty. In J. F. Costa (Org.), *Redescrições da psicanálise: ensaios pragmáticos* (pp. 9-60). Relume-Dumará.

Costa, J. F. (1995). *A face e o verso: estudos sobre o homoerotismo II*. Escuta.

Ferraz, F. (1992). Um grito de alerta. *Percurso*, 5(9), 64.

Freud, S. (1981a). Sobre a psicoterapia. In S. Freud, *Edição standard brasileira das obras psicológicas completas de Sigmund Freud* (Vol. VII, pp. 263-278). Imago. (Trabalho original publicado em 1905).

Freud, S. (1981b). A dinâmica da transferência. In S. Freud, *Edição standard brasileira das obras psicológicas completas de Sigmund Freud* (Vol. XII, pp. 131-143). Imago. (Trabalho original publicado em 1914).

Freud, S. (1981c). Observações sobre o amor de transferência. In S. Freud, *Edição standard brasileira das obras psicológicas completas de Sigmund Freud* (Vol. XII, pp. 205-221). Imago. (Trabalho original publicado em 1915).

Freud, S. (1981d). Construções em análise. In S. Freud, *Edição standard brasileira das obras psicológicas completas de Sigmund Freud* (Vol. XXIII, pp. 289-304). Imago. (Trabalho original publicado em 1938).

Freud, S. (1981e). Esboço de psicanálise. In S. Freud, *Edição standard brasileira das obras psicológicas completas de Sigmund Freud* (Vol. XXIII, pp. 165-237). Imago. (Trabalho original publicado em 1940).

Husserl, E. (1975). Investigações lógicas. In *Os pensadores* (pp. 7-187). Abril Cultural. (Trabalho original publicado em 1900).

Laplanche, J. (1992). *Novos fundamentos para a psicanálise*. Martins Fontes.

Mezan, R. (2002). Sobre a epistemologia da psicanálise. In R. Mezan, *Interfaces da psicanálise* (pp. 436-519). Companhia das Letras.

Rorty, R. (1988). *A filosofia e o espelho da natureza*. Dom Quixote.

Sigal, A. M. (2023). Aula inaugural 2023: apresentação do curso Clínica Psicanalítica: Conflito e Sintoma. *Boletim Online, 66*.

Sodré, M. (2023). *O fascismo da cor: uma radiografia do racismo nacional*. Vozes.

5. Limites da discursividade e contratransferência[1]

À memória de Isaías Melsohn

Introdução

A psicanálise surgiu da escuta da histérica. Desde então, a linguagem ocupa um lugar central em seu método. Ao analisando se pede apenas que fale. Que diga o que lhe vem à cabeça, que associe livremente. E assim os analistas foram aprendendo a escutar o que é dito e, por meio da hipótese do inconsciente e da defesa, também o que não o é, isto é, aquilo que a fala desvela a despeito de não dizer.

O valor da palavra e a função do falar sempre estiveram, assim, no âmago do método. Mas isso não impediu que os psicanalistas, frequentemente, se referissem ao universo *pré-verbal* ou, ainda, *não verbal* dos sujeitos, reduto da experiência que não cabe na linguagem quando a concebemos como restrita à esfera da semântica. Ora, se esse universo deve tomar parte da investigação e da intervenção analíticas, temos aí instaurado um problema. Podemos crer

---

1 Uma versão resumida deste trabalho foi publicada no *Boletim Formação em Psicanálise*, 32(1), 22-33, 2024.

e argumentar que ele se expressa indiretamente na própria fala, por meio tanto das metáforas como das falhas ou elisões na linguagem. Mas será que isso nos basta? Será que a fala sempre dará conta de carrear o mundo da experiência psíquica para a comunicação na sessão analítica, em todos os analisandos e todas as ocasiões?

No campo da filosofia, bem como no da própria pesquisa psicanalítica, encontramos elementos que problematizam e ampliam o debate sobre as relações entre a experiência psíquica e a linguagem. O que pretendo trabalhar neste artigo são precisamente essas relações, procurando estabelecer seu estado nos planos teórico e clínico. No plano teórico, pelo recurso a elementos da filosofia da linguagem e das formas simbólicas, bem como a formulações de autores psicanalistas que se debruçaram sobre as experiências primordiais dos sujeitos. No plano clínico, pelo levantamento de dispositivos que ampliam o método de intervenção a partir da apreensão de comunicações que passam ao largo da função semântica da linguagem ou mesmo da própria linguagem falada.

Freud, nos *Estudos sobre a histeria* (Breuer & Freud, 1895/1981), já se dera conta da existência do fenômeno da *transferência*, que introduzia no tratamento uma resistência manifestada exatamente pelo não dito. À interpretação analítica caberia a explicitação da cena recalcada, que surgia na análise mediante a repetição em ato. Em "A dinâmica da transferência" (Freud, 1912/1981b), o fenômeno é discutido a partir de elementos que o progresso da teoria e do método já permitia aportar. Entretanto, tratava-se de um não dito de caráter francamente resistencial, que se acreditava dizível na interpretação porque passível de rememoração. Ou seja, era um não dito neurótico, produto do recalcamento.

Em "Construções em análise" (Freud, 1937/1981d), texto mais tardio, a rememoração da representação traumática recalcada já cedia lugar à proposição, pelo analista ao analisando, de uma *construção* que não mais se pretendia como fidedigna descrição de uma cena a ser recordada, mas uma montagem hipoteticamente análoga, sob o ponto de vista ideativo, à representação original rechaçada. Ou seja, tratava-se da oferta de uma metáfora que, ainda assim, produzia um efeito psíquico equivalente ao da rememoração. Dessa maneira, o imperativo da recordação, perseguido nos primórdios da constituição do método da psicanálise, foi dando lugar a outro modo de ação do analista, baseado no potencial simbolizante da experiência analítica. Os efeitos analíticos não decorriam exclusivamente da recordação, mas de algum outro fator que tinha lugar na experiência da sessão.

Na verdade, a revolução epistemológica interna à psicanálise já estava aí consolidada, uma vez que seu objeto poderia ser outro que não o desvelamento da lembrança esquecida, tomada como *causa material* do sintoma. Assim havia sido nos tempos dos *Estudos sobre a histeria*, quando era necessário firmar a psicanálise como ciência da natureza (*Naturwissenschaft*) para que ela tivesse crédito no mundo científico.

No plano freudiano, isto é, na análise-padrão do neurótico, a interpretação da transferência ou a oferta de uma construção plausível produzirão efeitos no nível da linguagem: trata-se de dispositivos que buscam mobilizar o recalcado que, não sendo dizível, bem poderia sê-lo quando removida a resistência. No entanto, foi necessário um desenvolvimento ulterior no campo da clínica, em direção a uma parte da experiência dos sujeitos que, se não era dita, tampouco era *dizível*. Refiro-me à análise de pacientes com dificuldades que iam para além das psiconeuroses, nos quais a experiência patógena ou traumática se situa temporalmente antes dos marcos de fixação comumente atribuídos à histeria ou à neurose obsessiva. Nesses casos, o sofrimento psíquico deita raízes no tempo da constituição do aparato psíquico, e a angústia remete a experiências pré-verbais ou não verbais (o que pode ou não dar na mesma).

Foi M. Klein (1946/1986) que teve o mérito de deduzir da clínica de crianças gravemente perturbadas a existência de um fenômeno que ia muito além (ou estava muito aquém, dependendo de como se encara) da manifestação da transferência como postulada por Freud. Esse fenômeno foi por ela nomeado *identificação projetiva*, definido no dicionário de Laplanche e Pontalis (1967/1986) como "um mecanismo que se traduz por fantasmas (fantasias) em que o indivíduo introduz sua própria pessoa (*his self*), totalmente ou em parte, no interior do objeto para o lesar, para o possuir ou para o controlar" (p. 302).

Acompanhando a evolução da literatura psicanalítica da escola inglesa, vemos que, cada vez mais, a identificação projetiva foi sendo entendida como uma forma de comunicação que prescinde da palavra. Age por pressão, ou seja, por meio da imposição de uma alteração no estado psíquico do receptor. Modo de comunicação infantil e primordial, predomina sobre a comunicação linguageira em pacientes psicóticos ou em estado de regressão avançado. No entanto, não é um mecanismo exclusivo do psicótico. Pode estar presente em todos os indivíduos quando regridem a uma forma de defesa mais arcaica, em que a linguagem é insuficiente para exprimir os estados emocionais mobilizados. Daí o fato de Klein (1946/1986) se referir ao emprego da identificação projetiva em termos quantitativos: de acordo com o nível da ansiedade e da dificuldade de sua elaboração, o indivíduo lança mão desse mecanismo com maior ou menor intensidade.

Pois bem, é sobre esse campo da clínica que vamos nos debruçar, buscando uma teoria que lance luz sobre essa problemática em um plano epistemológico, ou seja, um plano que, sob o ponto de vista da construção do conhecimento, seja anterior às considerações metapsicológicas, às quais serve como fundamento. Assim, é à reflexão filosófica que vamos recorrer inicialmente, para depois, com o acréscimo da metapsicologia, pensarmos em dispositivos eficazes para a abordagem da experiência não discursável no âmbito da clínica psicanalítica. Ou, dito de outro modo, da experiência no campo em que a comunicação pela linguagem ordinária se acha insuficiente; em que falta a palavra e falha a função expressiva, de caráter metafórico.[2] É importante deixar claro que esse campo não é exclusivo dos analisandos mais graves, que apresentam dificuldade de acesso à discursividade, mas está presente em regiões recônditas da experiência psíquica de todos os sujeitos.

Susanne Langer e a filosofia das formas simbólicas

O pensamento de Susanne K. Langer[3] traz uma considerável contribuição para o tema de que tratamos, lançando luz sobre o problema das relações entre experiência e linguagem, que toca muito de perto a investigação psicanalítica. Tanto que ao menos dois psicanalistas particularmente criativos e preocupados com a questão da simbolização beberam em suas fontes: o argentino Emilio Rodrigué[4] e o brasileiro Isaías Melsohn,[5] cujas obras, escritas ou transmitidas por meio do ensino, se inspiram fortemente em suas ideias.

---

2 Essa problemática clínica também foi por mim explorada no artigo "Vida e morte da palavra" (Ferraz, 2024b).

3 Filósofa estadunidense cuja obra, influenciada por Ernst Cassirer, versava principalmente sobre estética, arte e processos de simbolização.

4 Emilio Rodrigué, psiquiatra e psicanalista argentino, participou do grupo reunido em torno de Melanie Klein na Inglaterra, tendo participado de publicações seminais da escola inglesa (cf. Rodrigué, 1955/1986). Foi próximo de Susanne Langer, com quem estudou nos Estados Unidos. Nos anos 1970 passou a viver em Salvador, onde faleceu.

5 Isaías Hessel Melsohn, psiquiatra e psicanalista, nasceu na Polônia e chegou a São Paulo aos 4 anos de idade. Foi um dos pioneiros da Sociedade Brasileira de Psicanálise de São Paulo (SBPSP). Deixou seu pensamento consolidado no livro *Psicanálise em nova chave* (Melsohn, 2001), cujo título se inspira no livro de Langer *Filosofia em nova chave*. Agradeço a ele (*in memoriam*) por ter me

O que aparece na literatura psicanalítica como referência clínica a um tempo pré-verbal na experiência dos sujeitos vem se somar a outro universo, não idêntico, mas correlato em sua manifestação. É o universo do *não verbal*, que pode ser ainda *não verbalizável*, muitas vezes atrelado a experiências traumáticas, que ultrapassam a possibilidade de representação dos sujeitos. Na filosofia de Langer, esse é o universo situado para fora da linguagem discursiva. Em razão da precisão e da acuidade de suas afirmações, que podem ser tomadas em proveito da psicanálise, peço ao leitor licença para evoluir a argumentação com trechos da própria lavra da autora (Langer, 1942/1989). Vejamos como ela distingue aquilo que pode aceder à forma discursiva daquilo que não pode:

> *Toda linguagem tem uma forma a qual requer que enfileiremos nossas ideias, ainda que seus objetos permaneçam um dentro do outro; como peças de vestuário, que são realmente usadas uma sobre a outra, precisam ser enfileiradas lado a lado no varal. Esta propriedade do simbolismo verbal é conhecida como* discursividade*; por causa dela, apenas os pensamentos passíveis de um arranjo nessa ordem peculiar podem em geral ser falados; qualquer ideia que não se preste a tal "projeção" é inefável, incomunicável por meio de palavras. (p. 90)*

Para o psicanalista, é impossível não pensar no sonho como experiência psíquica que se dá na simultaneidade de ideias, e não dentro da duração temporal em que elas podem se "enfileirar" no tempo. É apenas na elaboração secundária que residirá o esforço de transposição dessa experiência de simultaneidade para

introduzido ao pensamento de Langer, a cuja obra reiteradamente se referia com admiração.

uma discursividade possível, o que remete à distinção que Freud (1900/1981a) já fazia entre o sonho e seu relato.

Prossigamos com Langer:

> *Qualquer coisa que pode ser dita em linguagem pode ser dita por meio de uma série temporal de palavras não flexionadas. Isso coloca uma limitação naquilo que pode ser expresso em palavras. É bem possível que existam fatos que não se prestam a esse esquema muito simples; sendo assim, não podem expressar-se em linguagem. (p. 96)*

Observemos que aquilo que ela chama de *fatos* pode, para o psicanalista, definir-se como experiência ou percepção que contenha um potencial traumático que ameace o aparato mental de disrupção ou, simplesmente, se situe numa zona psíquica não atingida pela cobertura que a linguagem disponibilizada oferece. E qual seria a natureza dessa zona psíquica?

Prossigamos com a filósofa, que adverte para o risco da adoção de uma teoria da mente excessivamente limitada:

> *Uma ideia que contenha um número demasiado de partes minuciosas, no entanto estritamente relacionadas, um número excessivo de relações dentro de relações, não pode ser "projetada" para o âmbito da forma discursiva; é por demais sutil para a fala. Uma teoria da mente limitada pela linguagem, portanto, a exclui do domínio do entendimento e da esfera do conhecimento. (p. 100)*

Portanto, não seria possível uma teoria da mente restrita à linguagem, o que implica a inviabilidade de um método psicanalítico que aposte na plenitude da fala e, *a fortiori*, se coloque exclusivamente à espreita da expressão por esse meio para ter acesso à integralidade da experiência dos sujeitos. Há um resíduo da experiência que, a despeito de não se conformar ao funil da discursividade, insiste em se comunicar, além de produzir efeitos manifestos em ato.

Nesse ponto, Langer fala algo que toca muito de perto o psicanalista, traçando a fronteira entre *expressão* e *ato*, tão cara à psicopatologia e à teoria da clínica:

> *Essas duas assunções básicas andam de mãos dadas: (1) Que* a linguagem é o único meio de pensamento articulado, *e (2) Que* tudo o que não é pensamento falável, é sensação. *Elas estão ligadas porque todo pensamento genuíno é simbólico, e os limites do meio expressivo são, portanto, realmente os limites de nossos poderes conceituais. Além destes, podemos ter apenas sentir cego, que não registra nada e não transmite nada, mas tem de ser descarregado em ação ou auto-expressão, em feitos ou exclamações ou outras demonstrações impulsivas. (p. 95)*

Langer, entretanto, deixa aberta a possibilidade da existência de formas genuínas de expressão da experiência não discursável por meios outros que não a elocução gramatical. Ora, essa possibilidade é bastante conhecida na psicanálise como *sublimação*, quando elementos da sexualidade não passíveis de descarga encontram canais indiretos de escoamento. A diferença que Langer faz entre as *demonstrações impulsivas* e a *expressão por meio de esquemas simbólicos* corresponde estreitamente, a meu ver, à diferença que a psicanálise faz entre *acting out* e *gesto espontâneo*:[6]

---

6 O *gesto espontâneo*, em Winnicott (1987/1990), é aquele que veicula uma

> *Ora, não acredito que "haja um mundo que não seja físico, ou no tempo-espaço", mas acredito que neste mundo físico e no tempo-espaço de nossa experiência existam coisas que não se ajustam ao esquema de expressão gramatical. Mas elas não são necessariamente coisas cegas, inconcebíveis e místicas; são simplesmente matéria cuja concepção requer algum esquema simbolístico outro que não a linguagem discursiva. (p. 96)*

O *esquema simbolístico* de expressão encontra seu exemplo maior na criação artística. Aliás, é comum dizermos que cada arte possui sua própria *linguagem*, ou mesmo que um determinado artista tem sua linguagem particular. Na poesia, é a linguagem ordinária que sofre um processo de subversão, de modo que as palavras assumam um valor metafórico para, assim, veicularem um sentido outro, capaz de produzir a comunicação direta da experiência do artista ao receptor de sua obra.[7]

---

significação, ou seja, é uma ação simbólica. Gurfinkel (2008a, 2008b) explora esse conceito, situando-o no lado oposto do que denomina *agir*, que corresponde à *descarga* ou *acting out*, manifestação da compulsão à repetição que ocorre, via de regra, nas neuroses impulsivas. Um conceito similar ao de *gesto espontâneo* se encontra em Dejours (2007), que fala em *agir expressivo*, concebido como moção pulsional que, por definição, é dirigida ao outro e, nesse caso, por meio da mobilização do próprio *corpo*, ao lado de pensamentos, ideias e desejos. Para ele, trata-se de "uma das funções dialógicas necessárias à preservação da identidade e da saúde mental em todo mundo" (p. 56).

7 Faço aqui um comentário incidental sobre essa comunicação entre o artista e o receptor da arte. Lacan (1955-1956/1985), numa passagem do Seminário 3, sobre as psicoses, traça uma comparação entre o escrito autobiográfico de Schreber e a poesia de São João da Cruz que bem poderia ser tomada como o critério estético psicanalítico para a distinção entre o que é e o que não é arte. Schreber fala de sua relação com Deus de forma complexa, mas seu texto não contém "a menor presença, a menor efusão, a menor comunicação real, que poderia nos dar a ideia de que aí há verdadeiramente relação entre dois seres" (p. 93). Ele "não nos introduz numa dimensão nova da experiência" (p. 94).

Chegamos, então, à conclusão de que os restos não discursáveis da experiência possuem como via de escoamento formações tão diversas como a obra de arte ou o *acting out*. Na escuta clínica, é com ambas as possibilidades que deparamos.

Perspectivas psicanalíticas na interface com a filosofia da linguagem

Sem pretender fazer propriamente uma discussão clínica, para ampliar com um exemplo o que vimos tratando, tomarei o caso de uma analisanda a quem chamarei Marisa, de cerca de 60 anos na ocasião da análise, que tinha sido pintora e ainda mantinha estreito contato com o mundo das artes plásticas. Ela frequentemente chegava às sessões bastante angustiada e em estado confusional. Nessas ocasiões, tinha dificuldade de manter um discurso organizado. Dizia não conseguir falar sobre o que estava pensando, nem sequer saber o que lhe passava pela cabeça. Faltavam-lhe as palavras. Mas tentava, exasperadamente, me transmitir algo da experiência imediata que vivia. Então dizia coisas como: "estou sentindo algodão, branco, fofo; unhas se enroscando no algodão e causando arrepio", ou: "sinto algo cremoso, mole, amarelado, como uma musse", ou ainda: "sinto algo áspero, rugoso, que arranha". E assim era. Quando ela se encontrava nesse estado, de verdadeiro impasse do pensamento associativo, dificilmente saíamos da descrição direta de sensações tácteis, que não chegavam propriamente a constituir metáforas.[8]

Já São João da Cruz, poeta, fala da subida da alma até Deus de modo a nos introduzir "num mundo diferente do nosso e, ao nos dar a presença de um ser, de uma certa relação fundamental, *faz com que ela se torne também nossa*" (p. 94, grifos meus). Ou seja, a arte autêntica faz com que não tenhamos dúvida da autenticidade da experiência de quem a produziu, além de nos introduzir em seu clima.

8 Há muitas nuances no campo das manifestações da experiência não coberta pela discursividade. Nem tudo se resume à identificação projetiva. Além do

Certa vez, levando este caso para a supervisão com Isaías Melsohn, ele apontou que essas falas de Marisa traziam impressões sensoriais pré-simbólicas que eram uma espécie de "matéria-prima da arte". A leitura de Susanne Langer nos ajudou a formular um esquema teórico para a compreensão da experiência sensória comunicada pela paciente, e passamos a considerar um eventual trabalho de atribuição de significado que a análise poderia lhe propor, como convite para o processamento ideativo da impressão sensorial. Mais uma vez, Langer (1942/1989) vinha em socorro à clínica, lançando luz em nosso esquema teórico a partir da consideração das sensações como modo de concepção pré-verbal do mundo e das coisas, geralmente próprio da infância:

> *A peculiar impressionabilidade da infância é, em geral, tratada sob a rubrica da atenção a cores, sons etc. exatos; mas o que é muito mais importante, penso, é a tendência da criança a ler uma vaga espécie de* significado *em puras formas visuais e auditivas. A infância é o grande período de sinestesia; sons, cores e temperaturas, formas e sentimentos podem ter determinados caracteres em comum, pelos quais uma vogal pode "ser" de certa cor, um tom pode "ser" grande ou pequeno, baixo ou alto, claro ou escuro etc. (p. 129)*

É interessante que Langer empregue a expressão "vaga espécie de significado", o que parece querer dizer que, embora não se possa afirmar que já exista um significado, há, entrementes, nas "puras formas" sensíveis, uma matéria-prima para que ele se produza. Como no caso da quase expressão de Marisa.

---

mais, essa comunicação direta das impressões sensórias no caso de Marisa pode ser compreendida como um princípio de simbolização, diferentemente do *acting out*.

Aliás, é importante ressaltar que as formas não são neutras no efeito que produzem sobre o psiquismo. Elas devem conter alguma qualidade intrínseca que induza à mobilização de determinada região do mundo emocional dos sujeitos. Músicas podem causar tanto sentimentos alegres ou eufóricos como tristes ou melancólicos. Isso vale para todas as formas que impressionam os diferentes órgãos do sentido, sejam visuais, auditivas, tácteis e até mesmo olfativas e gustativas. As sinestesias evidenciam que um campo afetivo pode ser ativado por sensações provenientes de sentidos diferentes, mas que podem se associar um a outro no domínio da experiência. Uma imagem auditiva pode, por exemplo, assumir uma forma visual e vice-versa.

Esse fenômeno ficou demonstrado num famoso experimento introduzido por W. Kohler (1929) na psicologia da Gestalt. Apresentavam-se a falantes de diversas línguas duas palavras sem sentido ("takete" e "maluma"), junto com dois desenhos, um anguloso e outro arredondado. A seguir, pedia-se que os sujeitos ligassem cada desenho a uma das palavras. A grande maioria associava "takete" ao desenho anguloso, e "maluma", ao arredondado. Concluiu-se daí que a ligação entre o som e a forma visual não é aleatória. Pode haver identidade entre formas que possuem naturezas sensoriais diversas. Com isso também se demonstra o papel da informação visual no processamento da linguagem e o caminho da constituição das significações. A ligação entre som e forma deita raízes em estágios arcaicos do processamento da linguagem, quando fenômenos pré-semânticos prototípicos já ocorrem no caminho da formação de símbolos.[9]

---

9 No artigo "Por uma metapsicologia dos restos diurnos" (Ferraz, 2024a), defendi exatamente que os restos diurnos não são impressões inócuas, aleatoriamente usadas como veículo para os elementos inconscientes tomarem parte no trabalho onírico, mas devem, sim, portar uma *forma* tal que os potencialize como suporte de simbolização.

Langer (1942/1989) propõe que a primeira maneira de simbolizar, na ontogênese, se dá por meio da *projeção*[10] de sentimentos em objetos externos. E que essa simbolização coincide com o surgimento da própria faculdade de *conceber* tais sentimentos. Ora, tal proposição se assemelha, em grande parte, ao modo como Klein (1930/1981), no seminal artigo "A importância da formação de símbolos no desenvolvimento do eu", define os esquemas de simbolização na infância. Para ela, os objetos do mundo externo são como que colonizados a partir da identificação que a criança deles faz com seus próprios órgãos e seu funcionamento, destarte tornando-se *símbolos*. O simbolismo é o fundamento da sublimação, de maneira que os objetos do mundo, por meio da equação simbólica, devêm o motivo das fantasias libidinais.

Ocorre que esse interesse libidinal se dá concomitantemente à mobilização da ansiedade. Daí resulta que a criança se vê numa encruzilhada entre a sublimação e a ansiedade, uma vez que seus ímpetos de destruição dos objetos a levam também a temê-los. O desfecho mais ou menos feliz desse conflito se dará em função da tolerância às situações de ansiedade. Havendo sucesso na travessia dessa fase, a criança pode vir a conceber o mundo exterior de modo mais ou menos conforme à realidade. Não havendo, seu aparato psíquico pode ser assolado pela ansiedade psicótica.

W. R. Bion (1955/1986) toma situações patológicas graves para tratar do uso que o esquizofrênico faz da linguagem, postulando que, nesses casos, ela é, sobretudo, um *modo de ação*: "o paciente usa as palavras como coisas, ou como partes expelidas de si mesmo, que introduz à força no analista" (pp. 237-238). O pressuposto é que não tenha havido um desenvolvimento da capacidade para o

---

10 É preciso tomar cuidado para não confundirmos os vocabulários, uma vez que, na psicanálise, o termo *projeção* pode assumir acepções distintas dessa de Langer.

pensamento verbal e, consequentemente, para uma linguagem que se situe nos domínios da significação.

Rodrigué (1955/1986) instrumentaliza essa tese, de inspiração kleiniana, na clínica com crianças gravemente comprometidas. Descrevendo a análise de um esquizofrênico de 3 anos de idade com mutismo, mostra como o tratamento foi, aos poucos, possibilitando ao paciente libidinizar os objetos externos, o que lhe permitiu começar a lidar com a realidade. Apenas nessa condição ele poderia adentrar o domínio da linguagem.

J. Lacan (1953-1954/1986), embora partindo de referenciais diferentes, traz à tona esse mesmo problema da linguagem no psicótico. Tratando da *tópica do imaginário* no Seminário 1, sobre os escritos técnicos de Freud, ele abre espaço para Rosine Lefort apresentar o caso de Robert, de 5 anos, cuja história de vida era repleta de traumatismos, tendo ele sido privado dos mais básicos cuidados parentais. Até então, o menino não tivera a oportunidade de contar com nenhuma figura estável de referência. Vivia numa instituição, onde recebia o tratamento psicanalítico. Estava fora da linguagem: falava apenas "o lobo, o lobo", uma expressão de profundo terror. A história clínica mostra que Robert, que sentia apenas horror aos objetos do mundo e a seus próprios órgãos e excrementos, passa, paulatinamente, a empregar substitutos simbólicos deles. Suas fantasias terroríficas, até então confirmadas pela realidade adversa, começam a ceder lugar a alguma confiança na analista, o que vai lhe permitindo, ainda que precariamente, dar início à construção de si mesmo.[11]

11 Em vocabulário lacaniano, Rosine Lefort assim sintetiza a história de Robert: "Tive a impressão de que essa criança havia soçobrado sob o real; que, no início do tratamento, não havia nela nenhuma função simbólica, e ainda menos função imaginária" (Lacan, 1953-1954/1986, p. 121).

Se faço alusão a dois casos, o de Rodrigué e o de Lefort, este incluído no livro de Lacan, não é para entrar em seus meandros nem fazer uma discussão clínica a partir deles. Meu intuito é apenas demonstrar que, nas diferentes escolas psicanalíticas, o problema da simbolização e do consequente acesso à linguagem é um denominador comum no tratamento do psicótico. Rodrigué, utilizando o referencial kleiniano, fala da necessidade da libidinização dos objetos do mundo como processo de simbolização, enquanto Lefort, valendo-se da teoria lacaniana dos três registros (real, imaginário e simbólico), fala da prisão do sujeito no registro do real, nitidamente indicando o acesso ao simbólico como condição de superação do naufrágio psicótico. Essa confluência é indiscutível, mesmo que os sectários da teoria, *sit venia verbo*, rejeitem a existência de denominadores comuns.[12]

Bion (1955/1986) julga que as dificuldades dos analistas na escuta do esquizofrênico se devem, em grande parte, à adoção de uma concepção de linguagem limitada ao campo da semântica, tributária, particularmente, do modelo linguístico agostiniano,[13] tomando-a como válida para todo o domínio da fala dos sujeitos:

---

12 Não desconheço o fato de que os mesmos termos, no vocabulário de sistemas distintos, não podem ser automaticamente equiparados. Assim, pode-se argumentar que o termo "simbólico" não recubra o mesmo campo semântico em cada um dos sistemas. Ainda assim, é inequívoco que, nesse caso, a clínica é soberana, e o problema concreto (a psicose) com que cada um depara é o mesmo.

13 Santo Agostinho (citado em Lacan, 1953-1954/1986) dedica a primeira parte do diálogo *De Magisto* (Do Mestre) à *Disputatio de locutionis significatione* (Discussão sobre a significação da palavra), em que a linguagem é apresentada como um sistema de signos. É a essa concepção de linguagem, centrada na semântica, que Bion se refere. Lacan trata detalhadamente do que considera um surpreendente pioneirismo de Agostinho sobre a linguística moderna.

> *Na linguagem comum, o significado de qualquer palavra dada, e, mais ainda, o significado da soma total do que um homem diz, depende da síntese de uma complexa variedade de elementos; os sons têm que ser combinados para formar palavras, e as palavras frases. . . . Uma fala coloquial razoavelmente correta pode ser tratada de tal modo pelo ouvinte que se destrói seu significado. Reciprocamente, o que fala pode ser tão incapaz de síntese ou mostrar tal aberração em seus modos de integração que se deve realizar um grande esforço apenas para apreciar o que aconteceu à comunicação verbal, para não mencionar apreender o significado. (pp. 238-239)*

H. F. Searles (1965), em seus estudos sobre a clínica de psicóticos, vai além, propondo até mesmo que estes expressam suas necessidades de dependência na busca de um *contato físico* com o analista, na medida em que são incapazes de distinguir entre pensamento, sentimento e ação. Evidentemente, provocarão mais angústia no analista do que um neurótico que verbaliza, por exemplo, suas fantasias de sugar seu seio ou seu pênis. A violenta expectativa transferencial do analisando só pode ser percebida na angústia despertada no analista.

Como oposição à concepção estritamente semântica da linguagem, Bion se refere a L. Wittgenstein, defendendo suas formulações como mais compreensivas, realistas e aproveitáveis para a psicanálise dos casos difíceis. Ele não prolonga seus comentários, mas sabemos que seu ponto fulcral era a primazia que o filósofo dava aos *usos* da linguagem em vez da semântica, concepção consagrada na teoria dos *jogos de linguagem* (Wittgenstein, 1953/1975), segundo a qual não cabe indagar sobre os significados das palavras, mas sobre suas funções práticas. Ora, para Bion, que estava às voltas com o emprego da linguagem precipuamente como *ato*, esse sistema teórico contribuía com mais elementos.[14]

O filósofo J. L. Austin (1962/1990), ao apresentar a proposta filosófica de uma *teoria dos atos de fala*, desenvolve o pensamento inaugurado por G. E. Moore, B. Russell e L. Wittgenstein na primeira metade do século XX. São inúmeras as facetas de seu sistema teórico, mas o que nos interessa por ora é sua concepção da linguagem como *ação*, ou seja, como forma de atuação sobre o real, e não mera representação da realidade à qual deveria corresponder. Mais ainda: o próprio conceito de *significado* se dissolve, substituído pelo entendimento da linguagem como um complexo que envolve elementos do contexto, convenções de uso e intenções dos falantes.[15] O interesse da investigação filosófica da linguagem deixa de ser a análise da sentença para ser o uso que dela se faz, uma vez concebida como *modo de ação*.

Austin postula a existência de três dimensões da linguagem. A dimensão *locutória* é apenas constatativa ou descritiva. A dimensão *ilocutória* é a que indica como um enunciado deve ser interpretado pelos falantes de uma língua, ou seja, diz respeito à intenção

14 Faço aqui duas ressalvas, a fim de não tomarmos de forma simplista a referência às teorias da linguagem. Em primeiro lugar, a teoria dos *jogos de linguagem* de Wittgenstein (1953/1975), se se presta ao propósito de Bion de empregá-la no contexto da fala como identificação projetiva, não pode, nem de longe, ser tomada apenas nessa acepção. Ela trata do acordo entre falantes no âmbito de determinados jogos, que contêm regras próprias, o que escapa do caso da comunicação desordenada do psicótico para seu analista. Em segundo lugar, não se trata aqui de deduzir que, no processo analítico, a escuta da significação deixe de ser valorizada. Ao contrário, aceder a este plano pode sinalizar a obtenção de maior integração do eu e, consequentemente, o acesso do sujeito ao mundo da simbolização. O que Bion defende, com propriedade, é que, quando há predominância da identificação projetiva, torna-se ociosa a insistência na busca da extração de elementos semânticos do discurso do analisando.

15 Cf. texto de Danilo Marcondes de Souza Filho na apresentação da edição brasileira do livro *Quando dizer é fazer* (Austin, 1962/1990).

veiculada. E a dimensão *perlocutória* corresponde aos efeitos produzidos pelo enunciado sobre o interlocutor. Esta é a que interessa quando se examinam os efeitos da identificação projetiva sobre o analista, uma vez que se trata de uma alteração de seu estado psíquico, fenômeno que se percebe, por excelência, na experiência da contratransferência.

Bion (1967/1988) trata da perda do elo entre a palavra e seu significado, ou seja, do apagamento do sentido do símbolo na psicose. Na alucinação, a palavra pode até mesmo se reduzir à condição de objeto sonoro e circular pelo ar como coisa concreta. Situada fora do plano da significação, ela mantém, contudo, sua função perlocutória, ou seja, subsiste como um modo de ação. No caso, a serviço da identificação projetiva, que visa à divisão do objeto. Ainda assim, ela produz uma comunicação, de modalidade primitiva, que se manifesta como descarga ou evacuação a causar efeitos no receptor.

Lacan (1955-1956/1985) também aborda, a seu modo, esse fenômeno da separação entre a palavra e sua significação nas psicoses:

> *O que acontece se vocês se apegam unicamente à articulação do que ouvem, ao sotaque, e mesmo às expressões dialetais, ao que quer que seja literal no registro do discurso de seu interlocutor? É preciso acrescentar a isso um pouco de imaginação, pois talvez isso nunca possa ser estendido ao extremo, mas é muito claro quando se trata de uma língua estrangeira – o que vocês compreendem num discurso é outra coisa que o que está registrado acusticamente. É ainda mais simples se pensarmos no surdo-mudo, que é suscetível de receber um discurso por sinais visuais transmitidos por meio dos dedos, segundo o alfabeto surdo-mudo. Se o surdo-mudo ficar fascinado pelas lindas mãos de seu interlocutor,*

> *ele não registrará o discurso veiculado por essas mãos. (p. 158)*

O mesmo raciocínio é aplicado por Lacan ao caso da palavra escrita: quando o sujeito se paralisa na apreciação da letra, deixa de aceder à significação da palavra. Para que ocorra a significação, é necessário que se esqueça a forma concreta do sinal que a veicula. O significante, desnudo da significação que veicula, ou seja, do valor simbólico, remanesce apenas em seu substrato material.

Novamente, justaponho as considerações de duas escolas psicanalíticas distintas, que muitas vezes se opõem na compreensão de fenômenos e procedimentos clínicos, para demonstrar a existência de um denominador comum quando está em jogo a percepção de uma perda da significação e a correlata falha no processo de simbolização.

Com todas as considerações até aqui feitas sobre a linguagem e seu particular modo de funcionamento em pacientes de difícil acesso, passaremos à discussão da contratransferência como fenômeno psíquico que se faz fundamental na recepção da comunicação primitiva. Reiterando que ela ocorre em todas as análises, mesmo quando não há predominância da identificação projetiva na comunicação do analisando com o analista.

O uso da contratransferência como dispositivo clínico

Vimos nas contribuições de Susanne Langer que sempre haverá, em qualquer sujeito, uma parte da experiência vivida que não encontra as condições necessárias à passagem pelo crivo da linguagem. Isso ocorre independentemente das considerações à psicopatologia. Se pensarmos na língua falada como um instrumento da cultura que é oferecido ao sujeito, mas lhe é exterior, não fica tão difícil conceber que a experiência não possa passar inteiramente por este funil. A mesma língua que possibilita a expressão também a limita. Substantivos abstratos, que designam sentimentos e estados da alma, bem como adjetivos e advérbios, podem representar pontos proeminentes do universo sensível, mas não é crível que forneçam a possibilidade de tradução de tudo aquilo que se possa sentir. O conjunto dos nomes de estados psíquicos oferecido pela língua é algo como um mapa em que figuram as grandes cidades, mas não os pequenos vilarejos situados entre elas. Isso muitas vezes faz com que, numa análise, percebamos a inexatidão de um termo e a correlata dificuldade de se encontrar um similar mais apropriado àquilo que se quer expressar.

Contudo, a palavra pode ultrapassar as barreiras do campo semântico usual e comumente partilhado para assumir, ela própria, o papel de veículo de uma expressão que a transcenda. Para que isso ocorra, há que se subverter seu sentido literal, a fim de lhe conferir uma amplitude metafórica. Estamos, claro, falando do domínio da arte, isto é, da função poética que a palavra assume a fim de comunicar e compartilhar uma experiência que, sem esse recurso, seria inefável. No processo analítico é sempre possível que uma fala veicule essa função. Nesse caso, a transmissão da experiência por parte do analisando ganha um recurso a mais.

Para além da consideração estrutural da relação entre a experiência e a linguagem, tão precisamente realizada por Langer, vimos ainda a contribuição teórica de psicanalistas no âmbito mais estrito da psicopatologia. Nos casos em que os processos de simbolização são falhos na constituição do sujeito, ocorrerá a predominância do uso da linguagem como modo de ação, mais do que como veículo de transmissão da significação. Na conceituação de Klein (1946/1986), trata-se de casos em que há predominância da identificação projetiva.

Para situar esse modo de emprego da linguagem, recorremos à filosofia de Wittgenstein e Austin, com ênfase no *uso* que se faz da palavra e de sua função *perlocutória*, isto é, da alteração de estado que ela causa no receptor. Sendo que nunca é demais reiterar que, se esses referenciais nos ajudam na psicopatologia e na compreensão da fala dos pacientes psicóticos, os filósofos não tiveram a intenção de circunscrever a esse universo suas proposições teóricas. E nós, tampouco, restringimos sua validade aos psicóticos.

No regime da identificação projetiva, do modo como a caracterizamos até aqui, o recurso à palavra do paciente está ainda presente, mesmo que na qualidade de *ato*. No entanto, temos que fazer referência a outro fenômeno de comunicação que, em larga medida, ultrapassa a própria linguagem falada. Refiro-me aqui à grande contribuição de C. Bollas (1992) com seu conceito de *processos conservativos*.

Mas, antes de prosseguirmos, quero ilustrar com uma vinheta clínica de Bion (1955/1986) o que estou chamando de recurso à linguagem, mesmo ao arrepio da comunicação por meio da semântica. Ou, indo mais além, recurso à fala para a própria interpretação da perda do sentido da palavra, numa curta passagem que ilustra o modo como Bion procedia:

> *Paciente: Arranquei uma minúscula crosta de pele de meu rosto e sinto-me completamente vazio.*
>
> *Analista: A minúscula crosta de pele é seu pênis, que você arrancou com violência e todos os seus conteúdos internos saíram com ele.*
>
> *Paciente: Não compreendo... pênis... apenas sílabas.*
>
> *Analista: O Sr. dividiu minha palavra "pênis" em sílabas e ela agora não tem significado.*
>
> *Paciente: Não sei o que significa, mas quero dizer: Se não posso soletrar, não posso pensar.*

> *Analista: As sílabas foram agora fragmentadas em letras; o Sr. não pode soletrar – isso quer dizer que o Sr. não pode reunir outra vez as letras para formar palavras, assim o Sr. agora não pode pensar.* (pp. 241-242)

Bollas (1992) tem o mérito de ampliar a "escuta", por assim dizer, para além do que foi ouvido em palavras. Sua teoria dos *processos conservativos* se articula em torno da experiência transmitida pelo clima emocional gerado pelo analisando no contato com o analista, possibilitado pela regressão peculiar ao *setting*. Uma comunicação desse tipo, que *recria* um estado humoral arcaico, só pode ser apreendida pelo analista por meio de uma alteração em seu próprio estado psíquico:

> *Cheguei à conclusão de que quando certos analisandos estabelecem estados críticos do ser na transferência, frequentemente o fazem vivenciando-os através de um humor. Esses pacientes podem articular seus estados da mente internos e, normalmente, me fornecem uma narrativa de suas vidas, mas elementos importantes de suas experiências do* self *são expressos somente através dos humores.* (p. 127)

Os *humores* que surgem de um *processo conservativo* contêm uma rememoração que não pode ser *discursiva*, porque referida a experiências ocorridas antes da aquisição da linguagem verbal ou que ultrapassam a capacidade de representação de um sujeito, como sói acontecer nas situações traumáticas. Assim, sua manifestação só pode se dar, consequentemente, por um meio também *não verbal*. Estados psíquicos arcaicos são revividos, agora viabilizados pela regressão no *setting* analítico:

> *Os humores são estados complexos do* self *que podem estabelecer um meio mnêmico, no qual o indivíduo revivencia e recria experiências e estados de espírito anteriores do infante-criança. Assim como o sonho dá espaço à experiência de partes infantis inconscientes do* self *para elaborar e negociar com a vida adulta, também a experiência humoral permite que estados do* self *vividos anteriormente reapareçam na negociação contínua com a realidade. Quando, em nosso ser, nos tornamos aquilo que recolhemos dos estados anteriores do* self, *a realização psíquica do humor pode ser tão valiosa quanto o trabalho do sonho. (pp. 130-131)*

Considerando todo o complexo conjunto de situações, dentro de variados quadros, em que a experiência não passível de discursividade se apresenta na clínica, torna-se imprescindível a abertura de outro canal de recepção do material psíquico que o analisando tenta comunicar que não a espera da fala plena de significação. E o único dispositivo com que conta o analista é a instrumentalização da contratransferência como parte legítima do método clínico.

Na história da psicanálise, esse ponto de vista sempre esteve sujeito a uma grande polêmica, que vamos tentar repassar sumariamente aqui. Mas reitero minha convicção de que não basta ao analista esperar pela enunciação verbal da experiência arcaica do analisando, porque, *nolens volens*, ela só poderá se deixar apreender por meio da contratransferência. Em consonância com o que até aqui foram nossos prolegômenos, partilho do ponto de vista de Bion (1955/1986) no que ele propõe como necessidade do uso da contratransferência na análise do esquizofrênico, acrescentando que o suponho válido, por extensão, para o acesso às partes mais recônditas da experiência de todo analisando:

> *O analista que ensaia, em nosso atual estado de ignorância, o tratamento de tais pacientes, deve estar preparado para descobrir que, em uma considerável extensão de tempo analítico, a única evidência em que uma interpretação pode basear-se é a que se propicia através da contratransferência. (p. 235)*

Na mesma linha, Bollas (1992) argumenta que a identificação projetiva, a despeito de não ser discursiva, tem sua eficácia como meio de comunicação: ela é um *modo de fazer o outro sentir o que o próprio sujeito sente.*

> *Acredito que, por razões diferentes e de diversas formas, os analisandos recriam sua vida infantil na transferência, de uma maneira tão determinada e inconscientemente consumada que o analista é compelido a reviver elementos dessa história infantil através da contratransferência, sua resposta interna ao analisando. Os pacientes podem desempenhar o papel de fragmento de um dos pais, induzindo-nos inconscientemente a saber, através da experiência, como seria o sentir da criança em relação a esse pai e, ironicamente, podem, na transferência, exagerar quase com violência a criança que foram, tentando ver se nos tornamos o pai insensato. (p. 244)*

J. L. Ahumada (1999), psicanalista argentino estudioso da epistemologia da psicanálise, corrobora o ponto de vista de que os paradoxos do mundo psíquico de um analisando apenas raramente surgem no nível verbal. Geralmente, aparecem por meio de uma atuação cindida, como o emprego de modos amáveis com a finalidade inconsciente de manter dissociado o terror de estar causando algum dano no analista. Em paralelo a isso, esse analisando pode empregar uma narrativa o mais próxima possível do consciente, com o propósito de se defender do vazamento inadvertido de uma enunciação inconsciente. Por meio da percepção contratransferencial dessa montagem, o analista desvela a intenção do paciente, de modo a lhe propiciar algum *insight*. Para tanto, tenta descrever por palavras aquilo que, para o analisando, é apenas um "conhecimento por familiaridade" (p. 355), o que julgo ser algo próximo do que Bollas (1992) denomina "conhecido não pensado" (p. 339).

Porém, para se chegar até aí, é necessário que o analista igualmente atravesse e tolere um tempo de imersão no não pensado do analisando. Ao agir por meio de uma transformação no estado psíquico do analista, o analisando lhe impõe uma experiência que, embora vivenciada, não pode ser imediatamente concebida no plano discursivo. Como afirma Bollas (1992), "no meio da vivência contratransferencial, o analista pode permanecer por bastante tempo em uma região incognoscível" (pp. 244-245). E prossegue:

> *Nesses momentos, quando o analista simplesmente não sabe o que está acontecendo, ele só pode confiar em seus próprios processos reflexivos internos como material do subjetivo. Na realidade, somente criando e mantendo cuidadosamente um espaço mental interno para o registro de seus pensamentos e sentimentos, pode esse analista prover com segurança um espaço clínico adicional para o uso transferencial do analisando. Portanto, o paciente usa o analista, coagindo a vida interna deste, de uma forma parecida com um infante ou uma criança pequena; evocando respostas internas, dirige-se aos pais, capacitando-os, através da empatia, a prover o procedimento parental correto. (p. 305)*

Praticar a clínica da maneira como estamos vendo, isto é, pressupondo a existência de um universo da experiência que não acede ao discurso, mas que deve ser objeto da análise, e tomando a contratransferência como dispositivo apropriado para sua recepção, implica, obviamente, um trabalho interno do analista. O conceito de contratransferência, além de ser controverso na história da psicanálise, sempre despertou, como já foi dito, uma acirrada polêmica entre as escolas psicanalíticas no que toca a seu uso clínico. Vejamos brevemente os principais pontos de vista presentes nesse dabate.

A elaboração da contratransferência

J. Laplanche e J.-B. Pontalis (1967/1986) assim definem a contratransferência:

> *Do ponto de vista da delimitação do conceito, encontram-se largas variações, pois certos autores entendem por contratransferência tudo o que, da personalidade do analista, pode intervir no tratamento, e outros limitam a contratransferência aos processos inconscientes que a transferência do analisando provoca no analista. (p. 147)*

Além do anúncio prévio de que a delimitação do conceito é controversa entre os psicanalistas, já se desenha nessa definição uma primeira dificuldade: a necessidade de se diferenciar a intervenção no tratamento provinda da *personalidade do analista* daquela que se pode isolar como decorrente da *transferência do analisando*. O que alguns argumentarão é que, no limite, é impossível discernir com fidedignidade uma coisa da outra. Para estes, nomeadamente os lacanianos, a psicanálise não pode assumir tal risco, ficando a contratransferência impedida de ser instrumentalizada na clínica. Entretanto, na opinião de outros, a resposta a essa objeção pode, sim, ser dada, desde que considerados alguns critérios.

P. Heimann (1950), autora de um artigo clássico sobre a contratransferência, que ficou conhecido como uma espécie de documento que sintetiza a posição dos kleinianos sobre o tema, postula que a resposta emocional do analista diante de seu analisando representa *uma das mais importantes ferramentas de seu trabalho*. A contratransferência, para ela, é um autêntico e indispensável instrumento de pesquisa sobre o inconsciente do paciente.

P. Fédida (1988), analista e teórico da escola francesa independente, corrobora integralmente a opinião de Heimann, avançando ainda algumas casas:

> *A angústia contratransferencial do analista poderia ser, idealmente, a de uma mãe capaz de* ressonância *com o estado da criança, de continência da energia desta angústia, de* metabolização *e de* metaforização *dos afetos confundidos que tendem a transbordar na criança. É, portanto, o modelo da relação mãe-filho que aqui regula a função de experiência intersubjetiva da contratransferência e que faz desta um dispositivo pré-consciente apropriado para dar, na linguagem, ressonância aos diferentes estados vivenciados pelo paciente. Nestas condições, a angústia contratransferencial não aparece apenas como uma "resposta", mas sim como um* momento crítico de atenção *e, assim sendo, como instante analítico de constituição da interpretação. (p. 75)*

Bion (1955/1986) também se refere ao emprego da contratransferência na formulação da interpretação. Afirma que, primeiramente, é necessário esclarecer a própria contratransferência, pelo emprego da teoria da identificação projetiva, para depois "compor a interpretação ao paciente" (p. 236). Evidentemente, o enfrentamento do problema da capacidade do analista para tomar desse modo as manifestações contratransferenciais depende, sobretudo, de sua análise pessoal, além de seu processamento nos outros pontos do tripé da formação, a saber, a supervisão e o estudo teórico.

Laplanche e Pontalis (1967/1986) levantam três diferentes posições sobre a questão do emprego da contratransferência na técnica psicanalítica, já parcialmente entrevistas na citação do início do texto:

> *a) Reduzir o mais possível as manifestações contratransferenciais pela análise pessoal, de modo que a situação analítica seja estruturada, por assim dizer, como uma superfície projetiva, apenas pela transferência do paciente;*
>
> *b) Utilizar, controlando-as, as manifestações de contratransferência no trabalho analítico, na sequência da indicação de Freud segundo a qual "todos possuem em seu próprio inconsciente um instrumento com que podem interpretar as expressões do inconsciente dos outros";*
>
> *c) Guiar-se, mesmo para a* interpretação, *pelas suas próprias reações contratransferenciais, muitas vezes assimiladas, nesta perspectiva, às emoções sentidas. Essa atitude postula que a ressonância "de inconsciente a inconsciente" constitui a única comunicação autenticamente psicanalítica. (p. 147)*

Freud (1912/1981c), nas "Recomendações aos médicos que exercem a psicanálise", afirma que o analista desenvolve uma espécie de aparelho receptor que lhe permite comunicar-se com o analisando de inconsciente a inconsciente: "[o analista] deve voltar seu próprio inconsciente, como um órgão receptor, na direção do inconsciente transmissor do paciente" (p. 154). Mas um exercício desse tipo não é algo que se faça ingenuamente e sem preparo. Assim, Freud complementa: "Deve-se insistir, antes, que [o analista] tenha passado por uma purificação psicanalítica e ficado ciente daqueles complexos seus que poderiam interferir na compreensão do que o paciente lhe diz" (pp. 154-155). Ou seja, a análise do analista já está aí subentendida como parte fundamental de sua formação,[16] que lhe confere a habilidade de separar o que lhe pertence daquilo que o analisando lhe desperta. O que Freud já evidenciava é que a contratransferência, cujo surgimento é inevitável, deve passar por um processo de *elaboração*,[17] a fim de evitar que o analista atue para fora do campo genuinamente demarcado pelo analisando.[18]

H. Racker (1982) fala do perigo que o analista corre de entrar no círculo vicioso em que o impacto da transferência ameaça lançá-lo. Mas nem por isso deixa de valorizar o papel que a contratransferência tem como *guia* para o analista. Indica como solução o domínio que este deve ter sobre a contratransferência com o objetivo de utilizá-la na compreensão da transferência. Para isso, ele tem que superar sua contratransferência "negativa e sexual" (p. 57). Para Racker, é inevitável que o analista se exponha,

---

16 Instituída como "análise didática" nas sociedades psicanalíticas pioneiras, pertencentes à Associação Psicanalítica Internacional (IPA), a análise do analista como parte essencial de sua formação é um dos pontos consensuais nas mais variadas instituições de transmissão da psicanálise.

17 L. Dallazen (2020) dedica um livro inteiro a esta questão da elaboração da contratransferência. Remeto o leitor também a dois artigos clássicos que tratam diretamente do tema: R. Money-Kyrle (1956) e I. Pick (1985).

18 Sobre o surgimento do conceito de contratransferência na obra de Freud e seu desenvolvimento na escola inglesa, ver Minerbo (2020).

independentemente de sua preferência por esta ou aquela teoria da contratransferência.

Bion (1985/2017), nos *Seminários italianos*, fala ainda sobre a disciplina necessária ao analista, adquirida no treinamento que recebe no extenso processo de formação. Sua observação me parece interessante por tomar o analista devidamente formado como um adulto profissional e emocionalmente capaz:

> *Como analistas temos que obter disciplina para uma situação na qual, sejam quais forem os fatos, não permitamos que eles nos afugentem ou, o oposto, que nos apaixonem. Pressupõe-se que nos mantenhamos analistas. Não somos obrigados a nos tornar pessoas desumanas que não podem amar ou odiar: pressupõe-se que tenhamos a capacidade de termos sentimentos de amor e ódio e todos os outros sentimentos que os acompanham, mas, ao mesmo tempo, pressupõe-se que nos mantenhamos disciplinados. (p. 51)*

A oposição ao modo de encarar a contratransferência que até agora vimos, bem como a seu emprego na forma de instrumento clínico, se desenvolve no pensamento de Lacan (1960-1961/1992) e sua escola. Para ele, o que se chama de contratransferência é essencialmente a transferência do analista, e o que ela coloca em cena seria, inelutavelmente, seu desejo.

J.-D. Nasio (1999) explicita didaticamente a posição lacaniana, mencionando, para tanto, duas correntes da delimitação do campo da contratransferência presentes na escola inglesa, a fim de marcar sua diferença em relação a elas. A primeira, que se deduz da obra de Heimann e Winnicott, entende que a contratransferência abrange "toda a personalidade do psicanalista que visa o conjunto das reações, sentimentos, pensamentos, atos relativos à pessoa do analista diante do paciente" (p. 111), ou seja, tudo o que lhe acontece diante de seu analisando. A segunda, representada, entre outros autores, por Margareth Little, "reduz, ao contrário, o campo da contratransferência às manifestações exclusivamente inconscientes do analista, como pode ser um sonho no qual apareça o paciente" (p. 112). Como conclusão, Nasio descarta ambas as posições para, com Lacan, explicitar seu ponto de vista conceitual e clínico:

> *Desejo terminar fixando nossa posição. Ela não é a da corrente que considera a contratransferência como o conjunto das reações da pessoa do analista. Também não é a que chama de contratransferência as manifestações especificamente inconscientes. Creio, como Lacan, que se trata de uma questão de ordem ética. Então, proponho-lhes a seguinte posição: concordaríamos com o primeiro grupo de autores, incluindo sob o termo de contratransferência todas as reações do analista durante um tratamento e, aparentemente – aparentemente, insisto – referidas ao paciente, mas com as seguintes condições: primeiro, considerar essas reações do analista como reações imaginárias diante de si mesmo, essencialmente egóicas, e não diante de seu paciente. Depois, considerar que é preferível calar essas reações não comunicando seu conteúdo ao paciente, isto é, não instrumentalizá-las. (p. 116)*

Manifesto, *en passant*, minha opinião de que instrumentalizar as reações contratransferenciais não significa comunicá-las diretamente ao analisando,[19] o que me leva a estranhar a equiparação

---

19 Bollas (1992), tratando dos *usos expressivos da contratransferência*, diferencia o *uso indireto* do *uso direto* que dela se pode fazer na construção da interpretação psicanalítica. O uso direto, entretanto, não se confunde com a simples

feita por Nasio. Compreendo a instrumentalização como um uso que delas se faz *após seu processamento*, ou seja, quando, por meio de sua *elaboração*, elas tiverem se transformado em subsídio para a formulação da interpretação. Sobre a decisão de sua não utilização na análise, lembro da advertência de Bollas (1992): "Os que adotam essa posição podem formar uma resistência à vivência contratransferencial" (p. 303).

É interessante, todavia, constatar que o próprio Lacan (1960-1961/1992) se refere à análise do analista como meio de ampliar sua capacidade para a apreensão das comunicações de seu analisando que lhe despertem sentimentos afetivamente intensos: "Quanto melhor o analista for analisado, mais será possível que seja francamente amoroso, ou francamente tomado por um estado de aversão, de repulsa, dos modos mais elementares da relação de corpos entre si, com referência a seu parceiro" (p. 186).

Winnicott (1947/1978), no artigo "O ódio na contratransferência", não poderia ser mais cristalino sobre esse ponto:

> *Sugiro que, se um analista quer analisar psicóticos ou antissociais, deve conseguir ter uma consciência tão completa da contratransferência que seja capaz*

---

comunicação ao analisando das reações contratransferenciais experimentadas pelo analista. Há aí uma sutileza: "Por uso direto da contratransferência, refiro-me àquela ocasião bastante rara, que pode ser de um valor inestimável para a eficiência da análise, quando o analista descreve sua experiência como objeto. É bom esclarecer que podem existir momentos nos quais é difícil distinguir entre o uso direto e o indireto da contratransferência, como, por exemplo, quando um paciente é tão persecutório e inatingível que a observação explícita do analista sobre seu próprio estado sentimental ou do *self* situa-se entre a expressão do que foi percebido da situação e o declarar de como se sente como o objeto da transferência. Neste caso, o comunicar do que o analista sente sobre o paciente, durante a sessão, configura o uso indireto da contratransferência, e a descrição de como se sente sendo seu objeto determina o uso direto" (p. 256).

> *de isolar e estudar suas reações* objetivas *ao paciente. Estas incluirão ódio. Os fenômenos da contratransferência, às vezes, serão as coisas mais importantes na análise. (p. 342)*

Para nos aproximarmos da finalização deste trabalho, eu gostaria de incluir uma parte que julgo fundamental no processo de elaboração da contratransferência, relativa ao potencial que tem ela de induzir, no analista, o trabalho da *figurabilidade*. Não basta ficarmos restritos a um momento ainda básico da elaboração da contratransferência, concernente a uma espécie de profilaxia do *acting out*, por parte do analista, quando exposto ao risco de ver ultrapassada sua capacidade de pensar e se discriminar do outro. Nessa eventualidade, é sua possiblidade de permanência na função analítica que pode estar em jogo. Mas é preciso avançar um passo para tratar de algo mais, a saber, o desenvolvimento, no analista, de uma criatividade a serviço da clínica e em benefício da reintegração das partes cindidas do analisando possibilitada pela elaboração da contratransferência.

O analista empresta seu aparato psíquico para o processamento de elementos cindidos no analisando. O material bruto que recebe é devolvido depois do trabalho de elaboração feito por ele. E aqui está o cerne do que quero demonstrar, considerando que os elementos da experiência do analisando que não podem se tornar discursivos, a menos que simbolizados, igualmente impressionarão o analista, num primeiro momento, num registro à margem da linguagem discursiva. O analista, assim, pode processar o material por meio da figurabilidade para, depois de um trabalho de transformação, propor ao paciente palavras que o ajudem a desenvolver, em si próprio, uma via rumo à discursividade. Talvez essa seja a parte mais sofisticada do trabalho com a contratransferência, quando aquilo que surge por um meio tão primitivo como a identificação projetiva pode, em virtude da elaboração ocorrida no analista, alcançar a simbolização que o analisando não pode fazer contando apenas consigo mesmo.

Para isso, aquilo que o analisando evoca no analista deve ser primeiramente sentido, percebido e identificado por este como uma *alteração em seu estado psíquico, decorrente da solicitação contratransferencial*. Apenas a seguir o analista poderá transformar o produto da elaboração em interpretação comunicável ao analisando, de modo a tentar engajá-lo na via da representação verbal. Para Bollas (1992), é a partir de sua exposição aos *humores conservativos* exalados pelo analisando que o analista pode servir de meio de processamento da experiência não discursiva, não passível de realização pelo próprio analisando:

> *Os pacientes transmitem seu mundo interno através do estabelecimento de um meio dentro da situação clínica e, automaticamente, manipulam o analista mediante o uso objetal, fazendo-o assumir funções e papéis diferentes. Muito frequentemente, o lugar das ideias – daqueles pensamentos que registram espontaneamente o conteúdo da vida psíquica – está no psicanalista. Isto é assim porque o paciente não pode expressar seu conflito em palavras e, portanto, a articulação completa da transferência pré-verbal evolui na contratransferência do analista. A interação transferência-contratransferência é, então, uma expressão do conhecido não pensado. O paciente conhece o contexto-objetal através do qual ele se desenvolveu e que é uma parte dele, mas precisa ainda ser pensado. A compreensão psicanalítica do discurso transferencial-contratransferencial é uma forma de pensar o conhecido não pensado.* (pp. 279-280)

L. Dallazen (2020), em um primoroso trabalho sobre a elaboração da contratransferência, assume-a como a via pela qual o analista pode escutar os elementos cindidos do eu do analisando. Postula que é fundamental que o analista investigue o aspecto comunicativo contido na identificação projetiva, a fim de relacioná-lo com seu papel no processo alucinatório[20] da perlaboração[21] da contratransferência: "A ideia de que a identificação por projeção implica uma combinação de excisão de partes do *self*, tanto boas como más, e a projeção destas em outra pessoa (para dentro), incide diretamente nos processos psíquicos do analista envolvidos na perlaboração da contratransferência em uma análise" (p. 184)

O que quero destacar na contribuição da autora, por fim, é o trajeto teórico que ela faz ao ligar, em um amplo arco histórico, contribuições seminais da psicanálise kleiniana a formulações de Fédida sobre a figurabilidade como condição criativa de elaboração da contratransferência. Retomando autores que já mencionamos, a elaboração da contratransferência é uma etapa imprescindível no trabalho com analisandos graves e, acrescento eu, com as partes recônditas de todos os analisandos. Só por meio dela é possível processar os aspectos clivados dos analisandos e trazê-los à luz no trabalho analítico, em forma de material que embase as *construções* que surgem no analista. Esse recurso metodológico convoca a sensibilidade e a criatividade do analista para a escuta do *acting out*, a fim de desencadear o trabalho em direção à simbolização. É essa prática que abre caminho para a reflexão sobre a figurabilidade em sua ligação com as *construções* em análise.

---

20 O sentido de *alucinação* empregado pela autora não é o da psicopatologia, como nas psicoses, mas o de processo que contém uma dimensão rememorativa, como uma "qualidade psíquica que favorece o processo de criação e catapulta a contratransferência a um lugar estético na clínica" (Dallazen, 2020, p. 29).

21 A autora prefere o termo *perlaboração* em vez de *elaboração*.

O analista, em seu trabalho, não dispõe apenas de uma teoria de referência, mas também da totalidade de seu mundo psíquico. É, portanto, de seu próprio universo representacional que emergem as imagens que o auxiliam na compreensão e na atribuição de sentido ao que escuta; ou seja, é em seu repertório que se encontra, inapelavelmente, a matéria-prima da figurabilidade. Mezan (2002) afirma:

> *O analista não escuta apenas com a teoria, mas com todo seu repertório de lembranças, fantasias e experiências, do qual emergem, sob a incitação do que ouve e presencia, as metáforas que servem de guia para suas intervenções; seu pensamento transita permanentemente entre essas várias dimensões e, dentro da dimensão teórica, entre os vários níveis em que se situam as hipóteses consideradas pertinentes para a compreensão da dinâmica específica daquele momento e daquele conteúdo. (p. 493)*

A elaboração da contratransferência é, ela mesma, o próprio processo de figurabilidade, que se pode definir como passagem do plano *sensível* ao plano do *sentido*. Trata-se da função *estética* exercida pelo analista, que produz uma verdadeira transformação no material apreendido e oferece ao analisando o resultado desse trabalho, incidindo nos níveis dinâmico e econômico de seu aparato psíquico: "Imagens, sensações cinestésicas, contos, filmes e até lembranças que parecem ser particulares do analista que ocorrem e que à primeira vista parecem não ter relação com o que se passa na sessão, com os *acting in*, são na verdade movimentos alucinatórios que servem de matriz criativa para o trabalho entre a dupla" (Dallazen, 2020, p. 29).

Encerro com uma vinheta clínica já exposta em meu trabalho sobre a normopatia (Ferraz, 2002), que é, aliás, outra condição psíquica em que a palavra sofre um revés em seu valor simbólico. Trata-se do caso de Alberto, um médico que sofria de fortes inibições sociais e no trabalho, e veio até mim quando começou a ter crises agudas de angústia após um erro médico que levara à morte de uma parturiente e a um consequente processo judicial. Creio que essa passagem logra transmitir o que procurei até aqui discutir como trabalho a partir da contratransferência e da figurabilidade.

> *O trabalho analítico de Alberto permaneceu, por alguns meses, no nível dos relatos, que eu ouvia com interesse e sobre os quais tecia comentários não propriamente interpretativos, mas que tinham o intuito de manter viva sua relação comigo. Sua análise começou a "deslanchar", posso dizer, quando supus ter chegado a hora de enfrentar o "congelamento" afetivo maciço a que ele submetera suas memórias, sua história e toda sua vida de experiência relacional. Foi quando passei, então, a lhe falar de "imagens" que me vinham à cabeça quando ele me relatava algo. Apenas como exemplo, lembro-me de uma vez em que Alberto contou uma cena a que assistira ainda muito criança, em que o pai espancava violentamente a mãe, que ousara reclamar do hábito que ele (o pai) tinha de passar o fim de semana sozinho, em alguma atividade "misteriosa", entregando a mulher e o filho aos cuidados do pai dela, o avô materno de Alberto. Como ele não manifestasse emoção alguma ao me narrar a cena, nem pudesse dizer algo* sobre *ela, eu disse que podia entrever, em meio à cena, um menino completamente aterrorizado, paralisado mesmo, olhando para aquilo sem nem sequer poder esboçar uma reação, sem nem poder* saber o que sentir. *(p. 115)*

Intervenções como essa, sempre referidas ao que eu estava "vendo", ou seja, figurando, marcaram a inflexão da análise de Alberto em direção ao discurso afetado.[22] A percepção da grande violência contida nas passagens de sua vida que ele me relatava se dava em mim, muitas vezes me deixando perplexo diante de sua magnitude. Mas o registro da violência enquanto tal estava cindido de seu pensamento e de seu discurso, que permanecia desafetado. A forte angústia que surgia, e agora o paralisava, não podia se ligar à experiência da violência. Era em mim que ocorriam, em profusão, imagens visuais à moda de fotografias ou filmes em que eu o via aterrorizado no cenário da violência familiar, escanteado com as mãos a tapar os olhos. Esse foi o canal que me permitiu lhe restituir, paulatinamente, os elementos cindidos de sua experiência.

Referências

Ahumada, J. L. (1999). *Descobertas e refutações: a lógica do método psicanalítico*. Imago.

Austin, J. L. (1990). *Quando dizer é fazer: palavras e ação*. Artes Médicas. (Trabalho original publicado em 1962).

Bion, W. R. (1986). A linguagem e o esquizofrênico. In M. Klein, P. Heimann, & R. E. Money-Kyrle (Orgs.), *Novas tendências na psicanálise* (pp. 231-252). Guanabara. (Trabalho original publicado em 1955).

Bion, W. R. (1988). *Estudos psicanalíticos revisados*. Imago. (Trabalho original publicado em 1967).

Bion, W. R. (2017). *Seminários italianos*. Blucher. (Trabalho original publicado em 1985).

22 O caso completo de Alberto se encontra no capítulo 4 do livro *Normopatia: sobreadaptação e pseudonormalidade* (Ferraz, 2002).

Bollas, C. (1992). *A sombra do objeto: psicanálise do conhecido não pensado*. Imago.

Breuer, J., & Freud, S. (1981). Estudos sobre a histeria. In S. Freud, *Edição standard brasileira das obras psicológicas completas de Sigmund Freud* (Vol. II, pp. 13-370). Imago. (Trabalho original publicado em 1895).

Dejours, C. (2007). Biologia, psicanálise e somatização. In R. M. Volich, F. Ferraz, & M. A. A. C. Arantes (Orgs.), *Psicossoma II: psicossomática psicanalítica* (pp. 45-57). Casa do Psicólogo.

Dallazen, L. (2020). *A perlaboração da contratransferência: a alucinação do psicanalista como recurso das construções em análise*. Blucher.

Fédida, P. (1988). *A clínica psicanalítica: estudos*. Escuta.

Ferraz, F. (2002). *Normopatia: sobreadaptação e pseudonormalidade*. Casa do Psicólogo.

Ferraz, F. (2024a). Por uma metapsicologia dos restos diurnos. In F. Ferraz, *Corpo, sonho, palavra: ensaios psicanalíticos II* (pp. 73-87). Blucher.

Ferraz, F. (2024b). Vida e morte da palavra. In F. Ferraz, *Corpo, sonho, palavra: ensaios psicanalíticos II* (pp. 117-140). Blucher.

Freud, S. (1981a). A interpretação dos sonhos. In S. Freud, *Edição standard brasileira das obras psicológicas completas de Sigmund Freud* (Vol. IV-V). Imago. (Trabalho original publicado em 1900).

Freud, S. (1981b). A dinâmica da transferência. In S. Freud, *Edição standard brasileira das obras psicológicas completas de Sigmund Freud* (Vol. XII, pp. 131-143). Imago. (Trabalho original publicado em 1912).

Freud, S. (1981c). Recomendações aos médicos que exercem a psicanálise. In S. Freud, *Edição standard brasileira das obras psicológicas completas de Sigmund Freud* (Vol. XII, pp. 147-159). Imago. (Trabalho original publicado em 1912).

Freud, S. (1981d). Construções em análise. In S. Freud, *Edição standard brasileira das obras psicológicas completas de Sigmund Freud* (Vol. XXIII, pp. 289-304). Imago. (Trabalho original publicado em 1937).

Gurfinkel, D. (2008a). Por uma psicanálise do gesto. In R. M. Volich, F. Ferraz, & W. Ranña (Orgs.), *Psicossoma IV: corpo, história, pensamento* (pp. 127-137). Casa do Psicólogo.

Gurfinkel, D. (2008b). A clínica do agir. In R. M. Volich, F. Ferraz, & W. Ranña (Orgs.), *Psicossoma IV: corpo, história, pensamento* (pp. 435-455). Casa do Psicólogo.

Heimann, P. (1950). On counter-transference. *International Journal of Psychoanalysis*, *31*, 81-84.

Klein, M. (1981). A importância da formação de símbolos no desenvolvimento do eu. In M. Klein, *Contribuições à psicanálise* (pp. 269-282). Mestre Jou. (Trabalho original publicado em 1930).

Klein, M. (1986). Notas sobre alguns mecanismos esquizóides. In M. Klein, P. Heimann, S. Isaacs, & J. Riviere (Orgs.), *Os progressos da psicanálise* (pp. 313-343). Guanabara. (Trabalho original publicado em 1946).

Kohler, W. (1929). *Gestalt psychology: an introduction to new concepts in modern psychology*. Liveright.

Lacan, J. (1985). *O seminário* (Livro 3: As psicoses). Jorge Zahar. (Trabalho original publicado em 1955-1956).

Lacan, J. (1986). *O seminário* (Livro 1: Os escritos técnicos de Freud). Jorge Zahar. (Trabalho original publicado em 1953-1954).

Lacan, J. (1992). *O seminário* (Livro 8: A transferência). Jorge Zahar. (Trabalho original publicado em 1960-1961).

Langer, S. K. (1989). *Filosofia em nova chave*. Perspectiva. (Trabalho original publicado em 1942).

Laplanche, J., & Pontalis, J.-B. (1986). *Vocabulário da psicanálise*. Martins Fontes. (Trabalho original publicado em 1967).

Melsohn, I. (2001). *Psicanálise em nova chave*. Perspectiva.

Mezan, R. (2002). Sobre a epistemologia da psicanálise. In R. Mezan, *Interfaces da psicanálise* (pp. 436-519). Companhia das Letras.

Minerbo, M. (2020). *Transferência e contratransferência*. Blucher.

Money-Kyrle, R. (1956). Normal counter-transference and some of its deviations. *International Journal of Psychoanalysis*, *37*, 360--366.

Nasio, J.-D. (1999). *Como trabalha um psicanalista?* Jorge Zahar.

Pick, I. B. (1985). Working through in the counter-transference. *International Journal of Psychoanalysis*, *66*, 157-166.

Racker, H. (1982). *Estudos sobre técnica psicanalítica*. Artes Médicas.

Rodrigué, E. (1986). A análise de um esquizofrênico, com mutismo, de três anos de idade. In M. Klein, P. Heimann, & R. E. Money-Kyrle (Orgs.), *Novas tendências na psicanálise* (pp. 183-230). Guanabara. (Trabalho original publicado em 1955).

Searles, H. F. (1965). *Collected papers on schizophrenia and related subjects*. International University Press.

Winnicott, D. W. (1978). O ódio na contratransferência. In D. W. Winnicott, *Textos selecionados: da pediatria à psicanálise* (pp. 341-353). Francisco Alves. (Trabalho original publicado em 1947).

Winnicott, D. W. (1990). *O gesto espontâneo*. Martins Fontes. (Trabalho original publicado em 1987).

Wittgenstein, L. (1975). Investigações filosóficas. In *Os Pensadores* (pp. 3-222). Abril Cultural. (Trabalho original publicado em 1953).

6. Particularidades da formação do analista[1]

Pretendo abordar aqui um tema de que já tratei com maiores detalhes num encontro sobre a formação psicanalítica, realizado no Departamento de Psicanálise do Instituto Sedes Sapientiae, em São Paulo, no ano de 2008. Esse encontro reuniu numa mesa representantes de três instituições de formação que, ao que me consta, nunca haviam sentado antes para debater essa questão.

Fui escolhido para representar o grupo de professores de nosso departamento nesse debate, e minha tarefa foi a de produzir um texto que refletisse, em certa medida, o modo como nós, na instituição, concebemos a transmissão da psicanálise e a formação psicanalítica. Participaram do encontro Marina Massi, representando a Sociedade Brasileira de Psicanálise de São Paulo (SBPSP), filiada à Associação Psicanalítica Internacional (IPA), e Antônio Quinet, do Rio de Janeiro, representando o pensamento lacaniano. O debate foi muito interessante porque havia, de fato, três posições distintas

---

1 Publicado originalmente em *SIG Revista de Psicanálise*, *6*(10), 95-108, 2017. Trata-se da transcrição de uma conferência proferida em março de 2017 na Sigmund Freud Associação Psicanalítica, de Porto Alegre. Agradeço a Janete Dócolas e Clarice Moreira da Silva pelo convite e pela acolhida.

e firmes em jogo: a posição oficial da IPA, com todas as suas regras para a formação, a análise didática etc.; a posição lacaniana; e a posição intermediária da casa, crítica a ambos os sistemas.

O que direi aqui sobre essa questão é fruto de reflexões e discussões que temos feito entre os membros do Departamento de Psicanálise do Instituto Sedes Sapientiae, no qual estou inserido, mas reflete sobretudo minhas convicções pessoais.

De acordo com nosso ponto de vista, o termo *transmissão* diz respeito à aquisição dos conceitos da psicanálise, que é, a um só tempo, intelectual e analítica. A palavra *formação*, por sua vez, designa algo mais abrangente, que se refere à totalidade do processo, em sua extensão temporal e em suas relações com as instituições que a promovem.

Num trabalho sobre a formação, Bernardo Tanis (2005) se aprofunda nessa diferença. Em sua opinião, a palavra *transmissão* remete-nos a um processo que se dá nas sociedades tradicionais em geral, não se restringindo às sociedades psicanalíticas. Esse termo se aplicaria ao ofício quando associado, num registro vertical, às ideias de autoridade e valor. Dessa maneira, o conceito teria um vértice "religioso", que promove uma ilusão de segurança ontológica a quem adere a dado modelo, podendo, assim, inibir a ousadia e a criatividade. No Curso de Psicanálise do Instituto Sedes Sapientiae, por exemplo, muitas vezes adotamos a palavra *transmissão*. Tanis faz essa crítica como alguém situado na IPA, mas que defende um modelo distinto do tradicional de sua instituição, que pode resvalar na produção de um sistema de autoridade e de saber que se impõe sobre o candidato, o aprendiz ou o formando. Por outro lado, o termo *formação* privilegiaria o aspecto processual do "vir a ser" analista, com todos os conflitos, as dificuldades, as necessidades, as transformações que o processo comporta. No entanto, Tanis admite também que *formação* pode se confundir com *formatação*. Ou seja, correm-se riscos semelhantes em ambos os casos.

Entendo que um projeto institucional de formação tem de se alicerçar em fundamentos epistemológicos que envolvam o *objeto* da psicanálise, o fazer analítico, a formação do analista e as condições institucionais que permitam seu funcionamento. Desse modo, sendo coerente, meu relato está teoricamente fundamentado em nossa experiência institucional, a partir do chamado *tripé* analítico. Esse tripé compõe-se de elementos organicamente articulados, regidos por um mesmo eixo interno, que vem a ser o fator analítico que deve impregnar cada um deles, quais sejam: análise, formação teórica e supervisão. Além disso, soma-se a eles um quarto elemento, que seria a dinâmica institucional na qual a formação se dá.

Estou propondo que todos esses elementos sejam em si analíticos, o que não quer dizer que cada um deles se reduza ou coincida com a análise propriamente dita. Mas como podemos promover uma formação em que todos os elementos do tripé tenham efeitos analíticos, sem que isso resulte numa forma "selvagem" de análise? Não cabe, numa situação de trabalho teórico, que alguém se comporte como analista do outro. No entanto, é possível pensar que princípios analíticos devem e podem estar presentes e presidir essa formação como um todo. Mas isso demanda um longo trabalho.

Nesse sentido, o rigor epistemológico a respeito do que é o *analítico* e do que é o *objeto* da psicanálise deve impregnar a constituição de uma associação formadora de psicanalistas. Quando pensamos com rigor epistemológico sobre o que diferencia a transmissão da psicanálise da transmissão em outras áreas, percebemos que o objeto que se apreende em cada uma das situações de formação varia profundamente.

Uma formação analítica *propriamente psicanalítica* é aquela em que a análise pessoal é o elemento número um do tripé, mas também em que a teoria é trabalhada de modo analítico, e não de modo exegético. O que se depreende do discurso de Freud, ao criar e desenvolver a psicanálise, é que ele inventa um novo objeto, que não é mais o objeto das ciências naturais nem o da psicologia. Trata-se de um objeto até então inédito para o mundo da ciência, objeto a que podemos chamar de *psíquico*, que é peculiar à psicanálise. Não pode ser apreendido simplesmente pela experiência intelectual. Ou seja, não há meio puramente intelectivo capaz de nos fazer apreender o objeto da psicanálise.

Acredito que a experiência da análise, da supervisão, da leitura e do trabalho do texto, numa formação com essa perspectiva, conduz a uma experiência analítica ampla. Essa posição, parece-me, está de acordo com a interessante ideia de Jean Laplanche (1992) de que o lugar da experiência psicanalítica não é exclusivamente o lugar da clínica. Ela se dá na clínica, certamente, mas também em outros lugares, como na "psicanálise extramuros" e na própria teoria, o que é muito curioso. A teoria, em psicanálise, é em si mesma uma experiência analítica, porque só pode ser formulada na medida em que seu objeto é esse psíquico epistemologicamente fundado por Freud.

Freud buscou constituir uma ciência que tomasse de empréstimo pressupostos e fundamentos de ciências vizinhas, já existentes. Há uma longa consideração sobre isso na abertura do texto "A pulsão e seus destinos" (Freud, 1915/1981c), onde ele mostra de que maneira a psicanálise poderia fazer como a física, por exemplo. Em "Além do princípio do prazer" (Freud, 1920/1981e), há uma tentativa de modelo retirado da biologia, mais precisamente da citologia. Existem outros momentos em que ele toma de empréstimo outros modelos, como o da eletricidade, ao dizer que o afeto "imanta" as representações do mesmo modo que uma carga elétrica imanta um objeto metálico. Antes disso, ele já havia tentado o modelo mecanicista. Essas tentativas se justificam porque Freud, às voltas com o que fundamentaria o objeto da ciência nova que ele estava inventando, buscava legitimá-la por meio do recurso a ciências já consagradas.

No entanto, ele estava subvertendo completamente o modelo epistemológico dessas ciências para criar outro modelo, do qual ele parecia ainda nem se dar conta, ao menos sob o ponto de vista da enunciação de uma epistemologia. Ou seja, o objeto a que chamamos *psíquico*, inventado por Freud, é um objeto que se distingue completamente daqueles das ciências da natureza.

Num trabalho sobre a epistemologia da psicanálise, Mezan (2002) aponta, comparativamente, quatro tipos de objeto possíveis na ciência. Em primeiro lugar, não hierarquicamente, estaria o objeto *natural*, aquele das ciências da natureza (por excelência, da física). É o objeto que pode ser apreendido mediante a metodologia tradicional das ciências, com formas de conhecimento geradas a partir de observação, experimentos, replicação, testagens etc., isto é, tudo aquilo que conhecemos quando estudamos psicologia experimental. Trata-se de um objeto que se supõe existir inapelavelmente na natureza.

O segundo tipo de objeto, o *cultural*, é aquele que Durkheim (1895/1973) buscou construir ao fundar um método para a sociologia, partindo do mesmo imperativo das ciências da natureza. Ele queria isolar o que chamava de *fato social*. Por exemplo, em seu estudo sobre o suicídio, ele considera que este é um fato social porque tem uma existência constatável. Em outras palavras, pode-se detectar sua existência como um fato da mesma maneira que se constata a existência da pedra, da célula ou da água. Assim, é possível tomar as metodologias de investigação das ciências da natureza e aplicá-las sobre o fato social. Uma vez delimitado, o fato social estará lá, como a pedra. Ou seja, Durkheim buscava legitimar o estudo de um objeto cultural mediante o imperativo da ciência geral.

Sabemos hoje que essa transposição automática do método da ciência natural para a ciência social não perdurou. Uma vez ultrapassada a ideia de fato social, o objeto cultural passou a necessitar de outra epistemologia e outra metodologia, adequadas às suas peculiaridades e especificidades. Cada objeto, para ser conhecido e investigado, exige, então, métodos e fundamentos epistemológicos próprios e adequados.

O terceiro objeto seria o *ideal*, existente apenas como constructo teórico. É, por excelência, o objeto da matemática. Por exemplo, o número imaginário *i* (raiz quadrada de −1), de existência real impossível, mas que pode fazer sentido na estrutura de um cálculo; isto é, ele pode ser funcional dentro da lógica de um pensamento matemático. Esse seria, então, um objeto puramente ideal.

O quarto objeto seria o que estamos aqui considerando, o *psíquico*. Desde o princípio de sua investigação, quando Freud supõe algo como o *inconsciente* mesmo sem empregar esse termo, tampouco o termo *recalcamento*, ele está em busca de um objeto que, em seu discurso manifesto, tinha – por imperativo – que estar na esfera das ciências da natureza. Vamos tomar, por exemplo, a teoria inicial do recalque nos *Estudos sobre a histeria* (Breuer & Freud, 1895/1981). Trata-se de algo que pode ser formulado assim: existe certa memória paradoxal de uma cena recalcada (leia-se: esquecida) que, quando for recordada, trará uma remissão dos sintomas.

No caso de Elisabeth von R., os sintomas histéricos decorriam do fato de ela ter desejado desposar o cunhado que se tornara viúvo. A ideia de que ele estava livre para ela ocorre-lhe no momento que sua irmã vem a falecer. Sua lembrança de ter tido tal ideia deu a Freud a prova concreta de que ele precisava para justificar sua teoria perante a ciência da natureza, a *Naturwissenschaft*. Quando descobre, por meio da análise de Elisabeth, que há uma representação, um traço mnêmico que ficara recalcado, ele encontra, então, uma espécie de materialidade causadora da histeria. Ele pode, enfim, oferecer à ciência a prova de que seu trabalho tinha fundamento. Ou seja, a representação recalcada "estava lá", e ele a encontrou mediante o uso de seu método.

No entanto, na parte final dos próprios *Estudos sobre a histeria*, que é "A psicoterapia da histeria", Freud afirma que tudo ia muito bem nos tratamentos até que a situação se complicava, quando a analisanda desenvolvia um amor pelo analista. Isso "atrapalhava" o sucesso do método. Isto é, incidentalmente, ele falava do fenômeno da transferência. E, assim, a ciência natural que ele prometia fazer já não se aplicava de modo tão rematado.

Laplanche (1992) utiliza a expressão *ilusão apofântica* para se referir a esse problema do suposto encontro da cena que explicaria a formação do sintoma. Discorrendo sobre a teoria da sedução, ele esclarece:

> *O tipo de factualidade em questão, ou, mais exatamente, o modo da realidade pesquisada na investigação analítica, é que é mal apreciado. Se a investigação analítica interpreta uma cena por uma outra, se as cenas se traduzem umas às outras e se não há outro sentido a buscar senão aquele que uma primeira cena produzisse, cena essa que seria apofântica, . . . é evidente que não desembocaremos nesta cena oculta, totalmente reveladora, contendo em si mesma todo seu sentido sem remeter mais a outra coisa; de tal forma que a procura da primeira cena contendo todo o sentido da sequência só pode ser infinita e decepcionante. Trata-se, portanto, da questão do que é pesquisado pela investigação analítica. (p. 123)*

Freud, entretanto, ao se dirigir à investigação do que ocorre dentro do *setting* analítico – e *em função dele* –, inaugurou o conceito de um outro objeto, não mais da natureza, tampouco da cultura: era o psíquico, que também já se descolava do objeto da psicologia para ser, especificamente, o da psicanálise. É um objeto que não pode ser reduzido a nenhuma materialidade, até porque, a partir da teoria baseada na importância exclusiva do traço mnêmico, a psicanálise vai evoluir para a constatação da existência da transferência e da necessidade de sua interpretação. Portanto, na situação de análise, ao se instituir o *setting* analítico, a transferência é instituída por consequência. O *setting* cria artificialmente um campo sobre o qual o objeto psíquico vai se destacar. O objeto psíquico não se destaca do mesmo modo fora do campo da transferência – isto é, da análise – e, portanto, não pode ser reduzido à materialidade como um objeto natural, que seria, por exemplo, uma memória esquecida ou recalcada.

Insisto nessa questão – de que o objeto psíquico só pode ser apreendido mediante a experiência analítica, uma vez que ele se constitui na situação criada pela instalação da análise por via da transferência – porque é daí que resulta a necessidade da análise pessoal como centro da própria formação psicanalítica.

Mas ela não basta, claro. Para dar conta do que fazemos quando estamos do lado de lá do divã, sentados na poltrona, é necessária uma reflexão teórico-epistemológica. Para que nos tornemos analistas, é preciso pensar também sobre o que podemos conhecer numa análise e de que forma podemos produzir esse conhecimento.

Se não houver clareza de que se trata do objeto psíquico, reproduziremos um modo de investigação alheio à própria psicanálise. E como ninguém nasce psicanalista – a maioria de nós é oriunda da psicologia ou da medicina –, é uma tendência cultural natural que uma outra epistemologia tenha sido introjetada antes. Lacan (1962-1963/2005) já apontava para essa questão ao afirmar que os analistas que chegavam à formação vinham com "posições, posturas e expectativas que não são forçosamente analíticas" (p. 26). Seriam referências extra-analíticas, muitas vezes "psicologizantes", em seu dizer.

Hoje em dia, faz-se uma forte cobrança à psicanálise e a nós, psicanalistas, no que se refere ao objeto da psicanálise e a seus resultados clínicos: ela "funciona" ou não, afinal? Em contraposição, estão os argumentos apoiados em estudos e métodos de investigação das ciências médicas, da neurociência, da farmacologia etc. Ferramentas como testes, experimentos, provas, contraprovas, grupos de controle não se aplicam ao objeto que a psicanálise busca. Nesse sentido, se não tivermos clareza sobre a especificidade epistemológica de nosso objeto, nós nos perderemos nesse debate; ou então ficaremos restritos à sua superfície e a ataques ingênuos, de parte a parte.

A questão que se coloca é clara: para cada objeto, um método. E o método de encontro do psíquico jamais poderia reproduzir experimentos científicos ou traçar comparações de um caso com o outro. Isso não existe. O conhecimento psicanalítico não se dá por justaposição de casos com estudos experimentais, mas pelo aprofundamento de uma análise. Haja vista que os casos de Freud estavam mais para narrativas literárias.

Por isso, em psicanálise, o chamado *estudo de caso* é muito mais profícuo do que a colocação de um caso ao lado de outro, como em um estudo no campo da psicopatologia. A experiência clínica mostra que o que nos leva a esse pensamento científico é quase uma exigência natural. No entanto, nossa formação prévia praticamente nos impõe outro modo de pensar. Nesse sentido, uma das tarefas mais difíceis, no trabalho da formação em psicanálise, é proceder a essa ruptura com a epistemologia, vamos dizer, "comum". É preciso haver uma ruptura com os pressupostos de uma lógica científica, ou então de uma lógica intuitiva natural que pode nos levar a atuar de forma mais ingênua ou com menos consequência.

Produzir essa inversão epistemológica é um trabalho central na formação. É somente por meio da experiência da análise e da clareza epistemológica que podemos entender o que significam coisas banais, como não responder às demandas de um analisando. Quando passamos a dominar essa necessária *recusação*,[2] que é a recusa do analista em relação à demanda, aprendemos a ver o momento em que o objeto psíquico se destaca na situação analítica.

Em resumo, quando se pretende trabalhar com os efeitos analíticos de todas as situações daquele "tripé de quatro pés" – melhor dizendo, "quadripé" – mencionado no início, trata-se de transportar uma experiência própria da análise para o estudo teórico. Isso exige uma leitura de Freud e de outros autores que vai além da leitura puramente filosófica ou exegética. A obra de Freud pode muito bem ser lida nessa chave, havendo muitos trabalhos que fazem a exegese de seus textos. O tema da negação, por exemplo, tem sido muito trabalhado pela filosofia hoje em dia. Mas um dos focos de nosso trabalho de formação é, justamente, extrair dessas leituras aquilo que Laplanche chama de *experiência psicanalítica presente na teoria*.

Reafirmando que o objeto psíquico surge apenas em situação de análise, é preciso lembrar que Freud (1914/1981b) define a transferência como "resistência" ao trabalho e como reprodução, diante do analista, de situações objetais arcaicas. Na década de 1930 e no começo da década de 1940, Ida Macalpine, uma autora pouco conhecida, mas muito interessante, que é uma forte referência para Laplanche sobre o tema da transferência, escreveu um artigo clássico em que radicaliza a ideia de que, na verdade, a transferência é uma situação criada pelo *setting* analítico. Ela se distancia da ideia de reprodução para afirmar que o *setting*, em si mesmo, institui uma nova forma de contato entre analista e analisando e que, sendo uma conversa assimétrica em que a regra fundamental é que tudo seja dito ali dentro, cria-se uma espécie de jogo. Macalpine (1950)

2 Neologismo criado pela tradutora Cláudia Berliner para o termo francês *refusement*, que, por sua vez, traduz o alemão *Versagung* (Laplanche, 1992).

não o diz assim, mas penso que se trata de um jogo de linguagem wittgensteiniano, um jogo novo, diferente, em que se faz uso da palavra de uma outra maneira, com uma nova regra.

Grosso modo, a ideia dos jogos de linguagem de Wittgenstein (1953/1975) contém uma comparação da linguagem com um jogo de baralho. Funciona assim: com as mesmas cartas de baralho, desde que os dois lados partilhem as regras, pode-se jogar jogos totalmente diferentes. O mesmo se dá com as palavras: com elas se fazem diversos jogos de linguagem. Wittgenstein não é um autor que privilegia a semântica, como outra tradição da filosofia da linguagem que se volta para o significado; ele pensa no uso que se faz da linguagem.

Voltando a Laplanche e às ideias de Macalpine, a instituição de um *setting* não deixa de ser a instituição de um jogo novo para o sujeito. A situação analítica se torna um campo profundamente peculiar e diferente de tudo que existe para além da porta do consultório. É uma situação em tudo estranha, criada artificialmente. No entanto, foi a situação que Freud (1914/1981b) inventou para a aparição do que ele viria a chamar de *neurose de transferência*, em que uma nova experiência se inaugura e permite a emergência do objeto psíquico. Já não se trata mais, então, de um objeto da natureza, que ali estava e que pode agora ser entrevisto por força das luzes que se jogam sobre o passado; trata-se de um objeto novo, produzido no presente, a partir das marcas do passado, até mesmo de um passado imemorial.

É preciso que fique clara a diferenciação entre esse objeto psíquico que se dá na transferência e aquele objeto primeiramente teorizado por Freud como objeto de busca, como nas escavações arqueológicas. Também o conceito de *cura*, por isso mesmo, terá que ser redescrito.

Na literatura lacaniana há uma radicalização interessante nessa questão do objeto, na medida em que o inconsciente é totalmente desmaterializado. O inconsciente, que se encontra na sessão analítica, é um efeito de linguagem a partir do encontro do analista com seu analisando (*analisante*, na terminologia dos lacanianos). Nesse jogo de linguagem alguma coisa se produz: um *dito* veicula uma estranheza naquele que o pronuncia. Quando ocorre um ato falho, por exemplo, o analisando para imediatamente. E, na outra ponta, no analista, produz-se a interpretação. Então, o inconsciente seria esse efeito que acontece dentro de um jogo de regras; ele *é* um efeito da linguagem. Ora, isso corresponde, inequivocamente, a uma desmaterialização do inconsciente.

Há uma grande distância entre isso e a ideia original de Freud de que o inconsciente possui a materialidade de traço mnêmico – trata-se de uma representação recalcada, portanto, esquecida. Uma das mais importantes contribuições de Lacan para a psicanálise é exatamente a radicalização dessa desmaterialização. Epistemologicamente ele faz muito pela psicanálise, ao apresentar um Freud descolado das ciências da natureza, de um modo como nem mesmo o criador da psicanálise queria se caracterizar em sua qualidade de cientista. Pelo contrário!

Posteriormente a Lacan, Laplanche produz uma teoria diferente e própria, em que critica essa posição lacaniana sobre a natureza do inconsciente e, portanto, do objeto psíquico. Para tanto, retoma Feud e cuida de não deixar que a materialidade do inconsciente se perca por completo. Contudo, a matéria do recalcado primário é inefável; só há acesso possível a marcas subsidiárias do recalque primário. Ou seja, na análise trabalha-se com reverberações ou repercussões do recalcamento primário, por meio da instalação do *setting*, que reproduz a sedução primária, engendradora da pulsão. Os estudos de Freud sobre a histeria são demonstrações disso. Se Laplanche discorda da imaterialidade total que Lacan introduz no objeto analítico ou psíquico, ele, no entanto, não volta ao "otimismo" epistemológico da rememoração real, presente na utopia inicial de Freud em seu apego à *Naturwissenschaft*. Laplanche opta pela posição intermediária, tratando de cadeias associativas em que o objeto psíquico é tomado, metaforicamente, por outra coisa.

A transferência ocorre na situação analítica por força da instalação do *setting*, mediante o acordo contratual entre o analisando que fala e o analista que escuta. Ali se constitui o campo fértil para a reverberação do recalque originário, reproduzido na relação analisando-analista pela similaridade que esta comporta com a situação original da relação bebê-mãe. Em outras palavras, há algo que se cria dentro da sessão, que só pode ocorrer mediante transferência e que não pode mais ser confundido com o objeto a ser reproduzido *tal e qual* um objeto da natureza. Trata-se, pois, da criação de uma nova situação dentro de um jogo de linguagem.

Qual a peculiaridade dessa posição teórica de Laplanche? Penso que ela consiste na busca do autor por encontrar o objeto psíquico *no interior da própria experiência psicanalítica*, criticando os modelos mecanicistas utilizados por Freud na tentativa de aproximar suas teorias dos métodos das ciências naturais, por vezes semelhantes às descrições da hidráulica ou da elétrica, com acúmulos de tensões e alívios de prazer, com cargas e descargas afetivas. Ao mesmo tempo, voltando a Freud, Laplanche faz uma crítica à reformulação lacaniana do inconsciente estruturado como linguagem, porque, em sua visão, o inconsciente é exatamente o que *não* se estrutura como linguagem. Freud (1915/1981d) distingue a representação de coisa da representação de palavra, colocando claramente a primeira como algo inconsciente que, ao se tornar consciente, transforma-se em representação de palavra.

Pergunta – *A partir da ideia de que a apreensão do objeto psíquico é feita por meio da situação de*

> *transferência, qual é a distinção entre os termos* recusação *e* recusa?

Recusa é a tradução para o termo alemão *Verleugnung*, que se usa no caso do mecanismo da perversão. Já o neologismo *recusação* traduz a palavra *Versagung*, que aparecia em Freud (1895/1981a) já no "Projeto para uma psicologia científica". Esse último se refere à frustração imposta pela mãe no não atendimento da demanda, a partir da qual advém a consciência.

> **Pergunta** – *Segundo a posição mais em voga hoje em dia, o analista deve atender à demanda, dando o que o analisando precisa. Se existe um sofrimento, se a organização psíquica é precária, então o analista não deve frustrar essa demanda. Ele tem que ocupar esse lugar de quem tem algo a oferecer. Porém, nesse sentido, como fica a questão da frustração?*
>
> *Outra coisa: a situação de transferência e a possibilidade de apreensão do objeto psíquico se dá pela recusação? Ou seja, se dá pela impossibilidade de o analista formular alguma coisa ou de se colocar? Ou, enfim, pela necessidade de ficar neste lugar que poderíamos chamar de* abstinência?

É preciso considerar alguns conceitos com atenção. Melanie Klein cunhou a noção de *continência*, que antecedeu as ideias de *rêverie*, em Bion, e de *holding*, em Winnicott. Todos esses conceitos dizem respeito a formas de cuidado analítico que não necessariamente redundam em atendimento da demanda. É importante nos atermos à essência do conceito para não cairmos na estereotipia.

Há quem entenda, por exemplo, que não atender à demanda do analisando seria equivalente a praticar uma espécie de falta de educação para com ele. Mas essa é uma forma muito superficial de compreender a questão.

É claro que é possível, dentro da continência, da *rêverie* ou do *holding*, proceder à *Versagung*, que tem o mérito de definir que o campo analítico, além de se caracterizar pelo não atendimento da demanda, também se distingue do da pedagogia.

Tomemos o seguinte exemplo, tirado do próprio Laplanche. Um analisando, que sempre chega atrasado, diz que isso se dá em virtude dos horários dos trens. O analista poderia iniciar uma discussão pedagógica, fora da *Versagung*, dizendo: "É melhor você organizar seus horários assim: se o trem parte às oito horas e você demora meia hora de sua casa até a estação, é melhor você sair de casa antes das sete e meia". Analista e analisando poderiam discutir, em vão, o quadro dos horários dos trens, no sentido de estabelecer uma reeducação do analisando. Há, inclusive, técnicas cognitivas que trabalham dessa forma. Mas conversar nesse plano seria fugir da *Versagung*. Para nós, encarar o problema dessa forma implica permanecer no plano da conservação, fora do pulsional. Em outras palavras, seria crer, ingenuamente, que a questão do analisando se referia, de fato, a horários dos trens. A psicanálise busca estabelecer um outro sentido, aquele que está velado pela transferência.

Assim, essa "não resposta" analítica não significa apenas silêncio; significa responder sempre subvertendo o nível pedagógico ou o nível da conservação, em direção ao nível da pulsão. Fabio Herrmann (1991) diz algo mais ou menos assim: a técnica da psicanálise se baseia numa *falta de educação analítica*, que seria o não atendimento sistemático da demanda; o analisando pergunta uma coisa e o analista responde outra, ou seja, *interpreta*.

Pergunta – *Resumindo: o inconsciente, a pulsão e a atualização da temporalidade requerem um* método, *que implica a recusação, mas também a associação* *livre e a atenção flutuante. Ou seja, em psicanálise trabalha-se com o inconsciente e com sua atemporalidade, e não com o cognitivo.*

Exatamente. É difícil, mas necessário que, na formação analítica, ocorra a subversão da ideia de resposta como sendo ajuda. Do ponto de vista epistemológico, o que está em questão é a subversão da escuta, experiência fundamental para tornar-se analista. Mas é natural que essa passagem demande trabalho, uma vez que, na experiência comum, as pessoas travam contato com outro objeto epistêmico. Desde as primeiras letras, aprende-se a pensar por meio de um modelo baseado na ciência da natureza. Ninguém começa pela psicanálise, e nem poderia ser assim!

Pergunta – *É muito interessante, e nem um pouco ao acaso, que tal discussão apareça no contexto da transmissão e da formação analíticas, porque esse é, justamente, um dos principais nós a serem desatados por quem se dedica a essa tarefa. É preciso mostrar qual é a diferença entre atender a um objeto psíquico e, ao mesmo tempo, não atender à demanda. E compreender que isso não tem a ver, necessariamente, com rigidez. A maior dificuldade para a transmissão da psicanálise é mostrar que se trata de trabalhar dentro de um método que diz respeito a um objeto psíquico bem específico.*

Muitas vezes confunde-se o que é da ordem da escuta e do método, que são analíticos, com o que é da ordem de uma certa etiqueta imposta pela cultura psicanalítica. É um equívoco acreditar que o que determina o enquadre autêntico são recursos concretos, como colocar ou não quadros muito coloridos na parede, atender de terno cinza ou roupas clássicas de cores neutras, esticar ou não a mão em cumprimento ao analisando etc. Essas são atitudes extrínsecas ao método. Não constituem necessariamente condição de escuta, que só pode estar referida ao *enquadre interno* do analista, como quer André Green (2012). Uma vez estabelecido o enquadre interno, que tem seus fundamentos no que é simbólico, e não no que é material, esticar ou não a mão para o analisando deixa de ser relevante.

> **Pergunta** – *Gostaria de entender um pouco mais a dinâmica da instituição na base do que você chamou de* quadripé. *Gostaria de acrescentar nessa discussão o papel da clínica da instituição. Talvez não haja lugar mais privilegiado para a clareza do objeto psíquico e para o exercício da internalização do enquadre do que as vivências em uma clínica institucional. Há uma série de regras coletivas, para que todos possam compartilhar o espaço de trabalho, e que são essenciais para a convivência. É ali, onde todos são regidos pelas mesmas regras, que melhor se tem a dimensão do quanto todos estão sob o mesmo enquadre, ainda que em condições diferentes, como analistas ou analisandos. É aí que entra a recusação e o enquadre interno. Nesse sentido, qual seria o lugar disso na formação ou na transmissão?*

Esta é exatamente a questão e a importância do "quarto pé": de que modo a instituição psicanalítica pode prover um ambiente que também provoque efeitos analíticos? É isso que, de forma essencial, distingue uma instituição de transmissão da psicanálise de uma instituição de ensino, cujo objeto é outro que não o que aqui estamos tentando delimitar como psíquico. Fundamentalmente, deve existir uma certa disposição entre pares em que a assimetria entre coordenadores, supervisores e supervisionandos não reproduza a situação clássica de saber e não saber. Essa é a principal distinção, na medida em que o mais difícil para o analista é aprender a *saber não saber*. Pode parecer um jogo de palavras, mas é exatamente disso que se trata. Convém que supervisores e coordenadores não saibam demais, nesse sentido, sobre o objeto que se depreende do trabalho da psicanálise. Claro, não estamos falando do objeto do saber propriamente dito, por exemplo, em que texto de Freud se encontra certo conceito ou em que ano ele o escreveu. No caso, isso não é o mais importante. Trata-se de privilegiar uma outra *posição* de escuta.

Regina Schnaiderman (1988), fundadora do Curso de Psicanálise do Sedes Sapientiae, sugere algumas respostas para esse assunto. Ela nos legou um escrito, bastante denso e sucinto, que é importantíssimo para essa discussão. Tem a ver com a ideia da posição do formador na instituição. Ela diz o seguinte ali: "Sabemos que: 1) o saber do analista tem como objeto o estudo do funcionamento psíquico; 2) a particularidade deste saber consiste na necessidade, tanto para o analista quanto para o analisando, de, a cada vez, reencontrá-lo *in vivo*" (p. 13).

Logo no segundo item, ela já apresenta um problema epistemológico: ao dizer que "reencontrá-lo *in vivo*", na situação analítica, é uma necessidade mútua, tanto para um como para outro, ela elimina todas as demais exigências da ciência natural ou da cultura. Trata-se de uma experiência cujo objeto a ser encontrado é compartilhado; é um objeto a ser encontrado ao mesmo tempo por ambos, analista e analisando.

E continua:

> *3) isto [o saber do analista] o diferencia do que seria, por exemplo, o saber matemático. . . . [A] respeito deste sujeito particular com que me enfrento, eu não conheço nada: o que eu sei é o caminho para fazê-lo chegar a*

> *este conhecimento; 4) donde se conclui que o saber do analista se resolve num saber analisar, isto é, ser capaz de levar um outro sujeito à decifração de seu texto inconsciente; analisar é um fazer saber e não um saber fazer.* (p. 13)

Com alguma criatividade, podemos transpor um pouco desse imperativo para o trabalho na instituição, na medida em que temos uma peculiaridade no objeto que não é mais o objeto do saber. Lembrando que para Laplanche a experiência psicanalítica também está presente na teorização, conclui-se que só pode haver uma metapsicologia que não seja exatamente uma metafísica. A metapsicologia é filha direta da experiência psicanalítica e serve para auxiliar-nos na escuta. Do contrário, ela não teria nenhuma serventia para o ofício do analista.

Schnaiderman prossegue:

> *O saber psicanalítico tem a curiosa característica de ser um primoroso não saber, e qual seria sua fonte? As fontes seriam: 1) os textos de Freud, sim, mas isto não basta; 2) o fato de ter sido analisado, sem dúvida; mas isto também não basta; 3) o fato de ser analista, o fato de analisar. Esta terceira origem do saber coloca o que é de demonstrar como já demonstrado. Este é um dos paradoxos da psicanálise.* (p. 13)

Por isso é comum que se diga, às vezes em tom de brincadeira, que este é o ofício impossível, a transmissão impossível. A formação psicanalítica é da ordem do impossível. Mas a concepção do tripé, ou melhor, do quadripé, provém da ideia de uma solidariedade entre elementos em que necessariamente cairíamos de paraquedas, como se costuma dizer.

No que concerne à questão dos dispositivos institucionais, que dão suporte à instituição de formação, gostaria de finalizar fazendo menção ao trabalho de três analistas que pensaram sobre esse tema.

Renata Cromberg (2005), por exemplo, diz que "o que está em jogo é um enquadre de formação que permite propiciar um enquadre interno em que o analista se sensibilize para a singularidade" (p. 18). Além disso, acrescento, os dispositivos garantirão minimamente que o ambiente tenha, em si mesmo, efeitos analíticos de não alienação do sujeito nos ideais instituídos.

Ou seja, sabendo que é impossível existir uma instituição perfeita, colocam-se várias dúvidas. Como fazer para que a instituição abdique do autoritarismo dos ideais instituídos? Como fazer para que ela permita o aparecimento e o desenvolvimento das singularidades? Como incentivar a liberdade de pensamento se a supervisão estiver baseada em julgar interpretações como certas ou erradas? Como trabalhar analiticamente as razões que nos levam a enfrentar a transferência de uma forma ou de outra, diferentemente da análise? Usando com liberdade um conceito de Winnicott, Cromberg afirma que uma instituição suficientemente boa é aquela que *forma*, e não a que formata ou deforma.

Luís Carlos Menezes (1994) fala desse acolhimento como um *holding* que deve ser oferecido pela instituição. Segundo ele, "uma instituição tem que ter, para a formação, uma função equivalente à do enquadre numa análise" (p. 112). O enquadre seria

> *não só constância no lugar/tempo, como também a* atitude *do analista, sua disponibilidade para manter-se não só como continente de projeções, como mais amplamente ser suporte das transferências. Uma das dimensões da transferência corresponde, em algum nível, à confiança, à possibilidade de acreditar no outro (tanto no sentido de dar crédito como no de crença). (p. 112)*

Funcionar como *holding* não significa, entretanto, uma desatenção em relação ao risco das alienações. É imperioso cuidar para que não se estabeleçam vínculos dogmáticos com a instituição, bem como com as análises, as supervisões e as teorias, o que poderia resultar em alienação.

Tudo isso também tem a ver com uma certa concepção do trabalho de análise, da interpretação das transferências e, particularmente, do fim da análise. Há quem diga que o fim da análise se dá quando o analista deixa de ser idealizado, ou quando a transferência se esgota. No entanto, o narcisismo de muitos analistas leva a uma situação em que a idealização não apenas não é cortada como pode se perpetuar cada vez mais. Com base em Winnicott, é possível dizer que, se o analista não for um objeto transicional a ser descartado, não podendo suportar a ferida narcísica necessária para que isso se estabeleça, ele tende a se perpetuar indefinidamente.

Alguns julgam que produzir a desidealização seja fazer uma intervenção no nível da demanda. Mas não creio que as coisas tenham de se passar necessariamente assim. Acredito que o fim da análise começa na primeira sessão; trabalho pensando em possibilitar a desidealização desde o princípio.

Uma das disposições mais caras para mim é a manutenção do caráter pluralista da instituição. É preciso manter esse caráter pluralista, combatendo a tirania de uma teoria única, boa ou perfeita em psicanálise. Isso é primordial. Uma instituição que seja profunda e unicamente lacaniana, kleiniana, bioniana ou winnicottiana tende a produzir a alienação. Que lugar se destina ao discurso do outro?

Para encerrar, cito um trecho de uma entrevista de Silvia Alonso (2001) à revista *Percurso*, que sintetiza muito bem o que tentei dizer aqui e que serve como conclusão perfeita para os argumentos que desenvolvi:

> *Colocar-se como seguidor de alguém, considerar-se freudiano, bioniano ou lacaniano, traz a preocupação com a fidelidade a um texto, a um autor, e este não me parece o melhor lugar para um analista. Manter-se como analista na experiência da escuta coloca-nos em um lugar difícil. Um lugar no qual se deve suportar as transferências, um contato permanente com a incerteza, com a irrupção do desconhecido, com o que é do processo primário, e do funcionamento associativo. E isso traz consequências para a relação que se tem com as teorizações. Acredito que muitos analistas, para lidar com o equilíbrio instável que se vive na clínica, buscam certa estabilidade narcísica atribuindo a um autor ou a um pensamento a totalidade do saber, mantendo uma relação de fidelidade e absoluto dogmatismo. Com isso, correm o risco de se converterem em meros repetidores. (p. 132)*

Referências

Alonso, S. (2001). A construção do analista [Entrevista]. *Percurso, 14*(27), 127-138.

Breuer, J., & Freud, S. (1981). Estudos sobre a histeria. In S. Freud, *Edição standard brasileira das obras psicológicas completas de Sigmund Freud* (Vol. II, pp. 13-370). Imago. (Trabalho original publicado em 1895).

Cromberg, R. U. (2005). Diálogos com Regina Schnaiderman. *Percurso, 18*(35), 115-119.

Durkheim, E. (1973). As regras do método sociológico. In *Os Pensadores* (pp. 373-464)). Abril Cultural. (Trabalho original publicado em 1895).

Freud, S. (1981a). Projeto para uma psicologia científica. In S. Freud, *Edição standard das obras psicológicas completas de Sigmund Freud* (Vol. I, pp. 381-511). Imago. (Trabalho original publicado em 1895).

Freud, S. (1981b). A história do movimento psicanalítico. In S. Freud, *Edição standard das obras psicológicas completas de Sigmund Freud* (Vol. XIV, pp. 13-82). Imago. (Trabalho original publicado em 1914).

Freud, S. (1981c). A pulsão e seus destinos. In S. Freud, *Edição standard das obras psicológicas completas de Sigmund Freud* (Vol. XIV, pp. 129-162). Imago. (Trabalho original publicado em 1915).

Freud, S. (1981d). O inconsciente. In S. Freud, *Edição standard das obras psicológicas completas de Sigmund Freud* (Vol. XIV, pp. 185-248). Imago. (Trabalho original publicado em 1915).

Freud, S. (1981e). Além do princípio do prazer. In S. Freud, *Edição standard das obras psicológicas completas de Sigmund Freud* (Vol. XVIII, pp. 11-85). Imago. (Trabalho original publicado em 1920).

Green, A. (2012). A clínica contemporânea e o enquadre interno do analista [Entrevista concedida a Fernando Urribarri]. *Revista Brasileira de Psicanálise*, *46*(3), 215-225.

Herrmann, F. (1991). *Clínica psicanalítica: a arte da interpretação*. Brasiliense.

Lacan, J. (2005). *O seminário* (Livro 10: A angústia). Jorge Zahar. (Trabalho original publicado em 1962-1963).

Laplanche, J. (1992). *Novos fundamentos para a psicanálise*. Martins Fontes.

Macalpine, I. (1950). The development of the transference. *Psychoanalytic Quaterly*, *19*(4), 500-539.

Menezes, L. C. (1994). O departamento e o curso na formação de seus analistas. *Percurso*, *7*(12), 104-117.

Mezan, R. (2002). Sobre a epistemologia da psicanálise. In R. Mezan, *Interfaces da psicanálise* (pp. 436-519). Companhia das Letras.

Schnaiderman, R. (1988). Política de formação em psicanálise: alinhavando algumas anotações de leitura. *Percurso*, *1*(1), 11-14.

Tanis, B. (2005). Considerações sobre a formação psicanalítica: desafios atuais. *Percurso*, *18*(35), 29-36.

Wittgenstein, L. (1975). Investigações filosóficas. In *Os pensadores* (pp. 3-222). Abril Cultural. (Trabalho original publicado em 1953).

7. Transmissão via inconsciente[1]

Um dos poucos pontos do processo de formação que é consensual entre as diversas correntes e instituições psicanalíticas é a necessidade da análise do analista. Mas, no que tange a tudo que cerca sua realização, o caso é diverso: as divergências de posições chegam às raias do irreconciliável. Com efeito, a multiplicação dos profissionais que se nomeiam psicanalistas, bem como das instituições que se dizem formadoras de psicanalistas, tanto introduziu no campo uma abertura salutar como potencializou riscos.

As instituições psicanalíticas filiadas à Associação Psicanalítica Internacional (IPA) mantêm até hoje a exigência da análise didática para seus candidatos. Mas o conjunto de preceitos e ordenamentos que cercam tal análise sofreu modificações com o tempo. Hoje em dia, em algumas instituições, a análise didática se propõe a ser uma análise como outra qualquer, o que significa: o analista não participa de avaliações institucionais de seu paciente, apenas o analisa. Todavia – e aí é que a questão se complica –, a análise deve ter

---

1 Publicado originalmente na seção "Debate" da revista *Percurso*, 23(45), 161-170, 2011; agradeço a Gisela Haddad e Vera Zimmermann pelo convite para esta escrita.

frequência e duração determinadas por um regimento, o analista deve ser escolhido dentre uma lista de didatas e a ocorrência do processo analítico deve, evidentemente, ser atestada à instituição.

Se concebermos o processo analítico como algo que diz respeito exclusivamente ao sujeito psíquico, não é difícil perceber que sérios problemas começam a se esboçar. Conforme já tive a oportunidade de expressar (Ferraz, 2008), a análise pessoal do analista, no que traz de aproveitamento para que este atinja as condições para analisar, significa um trabalho essencial rumo ao alcance do sentido daquilo que vem a ser o próprio objeto da psicanálise. Eis aí, em meu entender, o elemento central da análise do analista, que não deixa de ser, contudo, secundário ao simplesmente analisar-se. Ocorre que, dada a condição supraintelectual do objeto da psicanálise, entra-se em contato com este apenas quando ele se desvela na experiência da análise pessoal. Trata-se, portanto, de uma experiência singular que não tem como se dar no estudo teórico, visto que sua natureza é outra, qual seja, a verdade singular ou idiopática do sujeito. A teoria, para o analista, é que será fertilizada por tal experiência; e isso diferencia sobremaneira o modo como se dá o processamento do texto teórico para o analista militante e para o exegeta acadêmico.

Um dos desafios mais complexos na formação do analista, a meu ver, é a transmissão do conceito de *objeto da psicanálise*. Laplanche (1992), no formidável livro *Novos fundamentos para a psicanálise*, reafirma com precisão algo que sempre o deteve em seus esforços de aclaramento da essência do objeto específico da psicanálise, que vem a ser o *psíquico* propriamente dito. Esse objeto se diferencia e se distancia do objeto da conservação em função do movimento do *apoio*. Ora, os objetos tanto da medicina como da psicologia se mantêm no nível da conservação e, por essa razão, permanecem ligados ao conjunto de objetos *naturais*, passíveis de investigação pelos métodos científicos que foram convencionais até um certo momento da história da ciência, e que ainda são válidos, *grosso modo*, para as disciplinas que compõem as *Naturwissenschaften*. Já o objeto psíquico, pelo que comporta de subversão em sua própria gênese como objeto, exige uma subversão correlata no método apto a sua apreensão.

Teorizamos sobre isso, sim. Explicitamos à exaustão que ele sobrenada no discurso, mas não é o discurso, e que, portanto, o analista não responde à demanda, mas insiste em manter-se numa atitude compatível com a *Versagung* ou "recusação".[2] Ora, trata-se aqui da transmissão teórica de uma especificidade da epistemologia psicanalítica que é, se poderia dizer, bastante sofisticada (é incrível como boa parte *do establishment* científico mundial custa tanto a compreendê-la!). Aquele que se propõe a ser analista é, geralmente, psicólogo ou médico, e, por conseguinte, esteve imerso numa outra ideia de ciência, com seu objeto e sua consequente metodologia de acesso. Não é fácil processar essa virada.

Ocorre que, mesmo que a transmissão dessa ideia seja parte essencial do trabalho de formação teórica – que se desdobra também e *a fortiori* no trabalho de supervisão –, seu sucesso ficará na dependência do trabalho da análise de cada analista em formação. Sem dúvida, o analista deve encarar uma "mínima epistemologia" que o leve a ter clareza sobre sua zona de intervenção, mas o acesso ao objeto psíquico só se dará se for em si mesmo e na experiência da transferência. Mais ainda: as dificuldades defensivas na manutenção da postura analítica (aqui condensadas no apelo à *Versagung*) não se resolvem na teoria. Manter-se analista diante dos impasses do campo transferencial, sem ceder aos impulsos defensivos que, quando não são grosseiramente *actings* sintomáticos do

---

2 Cláudia Berliner, tradutora do livro de Laplanche (1992), propõe esse neologismo para dar uma aproximação de como poderia ser, em português, o correspondente do francês *refusement*, que, por sua vez, traduz o alemão *Versagung*.

ódio não processado, travestem-se (cada vez mais!) de "alteração benevolente" de conduta e manejo em razão de supostas "necessidades regressivas" do paciente, é uma operação que requer análise mais do que teoria.

Como eu mesmo já afirmei em outra ocasião (Ferraz, 2008), o aparato psíquico do analista se empresta na função de analisar. Portanto, é fundamental que sua análise o leve a sensibilizar-se para as manifestações do inconsciente – ou expressões do psíquico, que são simbólicas – e a produzir as discriminações que lhe possibilitarão funcionar como suporte da transferência de seu analisando. O que entra em questão aqui é o fato de que o ofício de analisar não se resume a conhecimentos técnicos de um dado método de trabalho, mas pressupõe a participação do instrumento psíquico do analista na tarefa de acompanhar o analisando em sua própria descoberta. Saber analisar é "saber não saber", e isso difere radicalmente de outros saberes, que se aplicam em outros ofícios. E analisar o desejo de ser analista é fundamental a fim de se atingir uma posição em que as moções narcísicas se submeterão aos imperativos da análise: o analista deve saber deixar de existir após ter sabido existir profundamente, na medida da necessidade de seu analisando (o que não significa resposta à demanda). Terá que tolerar a resolução da transferência de seu analisando ao fim da análise, o que implicará ser descartado à guisa de objeto transicional.

Então, é exatamente pela importância que atribuímos à análise pessoal que, na experiência de formação do Departamento de Psicanálise do Instituto Sedes Sapientiae, procuramos preservar ao máximo a análise pessoal, o que significa, fundamentalmente, não exercer sobre ela um controle institucional e deixar que a escolha do analista se defina apenas pela transferência.

Para além do problema intrínseco à análise didática, poderíamos mencionar diversos efeitos da perversão institucional de sua prática. Até mesmo Otto F. Kernberg (2005), que foi presidente da

IPA, afirma que o papel do analista didata foi incorporado a uma "estrutura de oligarquia administrativa" que introduz uma atmosfera autoritária nos institutos de formação. Sem falar nas vantagens financeiras que o *status* de analista didata assegura, uma vez que este vê assegurada para si uma fonte pacientes para análise. Mas a força da escolha pela transferência pode se insinuar por uma brecha que se abre na perversão das práticas institucionais: diante do estabelecimento de análises burocráticas, os analistas podem buscar análises pessoais fora da lista estrita que lhe foi imposta, fato que já ocorre com frequência. Como fato correlato, consultórios de didatas podem se ver esvaziados de candidatos.

Diante disso, o que dizer sobre as instituições de formação que não impõem listas de analistas? Se abdicam do controle das análises, mas ainda assim consideram-na essencial, que mecanismos lhes restam? O passe, nas instituições de inspiração lacaniana, visa a uma solução até certo ponto interessante, que substitui o controle burocrático por uma espécie de "exame" coletivo dos efeitos da análise sobre o analista. No entanto, não há mecanismo humanamente possível que isente tal prática dos jogos de poder inerentes a toda e qualquer associação.

Se simplesmente se explicita a necessidade da análise, mas não se exerce nenhum controle – nem mesmo se ela ocorreu minimamente algum dia –, então corremos o risco de ver naufragar boa parte dos esforços de formação em razão da deficiência do eixo básico do "tripé" analítico, visto que os outros dois – o estudo teórico e a supervisão – são mais acessíveis ao controle institucional. Uma solução intermediária é o acompanhamento do analista em formação mediante um processo de escuta do que ele tem a dizer sobre tal formação, escuta que pode ter efeitos simultaneamente analíticos e de avaliação, tanto do analista como da instituição. É o que, no âmbito do Curso de Psicanálise do Instituto Sedes Sapientiae, temos procurado implementar. Todavia, já se entrevê, de partida, que se trata de uma solução que não tem nenhuma virtude maior de ser *possível* do que aquela.

Não há "solução" definitiva para esse problema. A não ser eximir-se da prática da autorização para ingressar numa outra, que vem a ser a do reconhecimento, solução razoável, apesar de incidir no risco de se valer de uma mudança vocabular para resolver apenas nesse plano – o semântico – o impasse que perdura na realidade. Isso nos faria vestir a carapuça do dito francês: *plus ça change, plus c'est la même chose*. O fio da navalha sobre o qual transitamos diuturnamente é o da não transformação de regras burocráticas – que têm a enorme vantagem de serem explícitas – em equivalentes sem letra, mas consuetudinárias, já que o jogo do poder se insinua a cada fresta de todo campo institucional. Sem querer tergiversar, eu diria que assumir tal problema como situado no campo daqueles cuja solução é assintótica já é um bom começo...

Referências

Ferraz, F. (2008). Transmissão da psicanálise e formação psicanalítica: apontamentos a partir da experiência do Departamento de Psicanálise do Instituto Sedes Sapientiae. *Percurso*, *21*(41), 91-102.

Laplanche, J. (1992). *Novos fundamentos para a psicanálise*. Martins Fontes.

Kernberg, O. F. (2005). Crítica comprometida à educação psicanalítica. *Jornal de Psicanálise*, *38*(69), 95-129.

Série Psicanálise Contemporânea

Adoecimentos psíquicos e estratégias de cura: matrizes e modelos em psicanálise, de Luís Claudio Figueiredo e Nelson Ernesto Coelho Junior

O brincar na clínica psicanalítica de crianças com autismo, de Talita Arruda Tavares

Budapeste, Viena e Wiesbaden: o percurso do pensamento clínico-teórico de Sándor Ferenczi, de Gustavo Dean-Gomes

Chuva n'alma: a função vitalizadora do analista, de Fátima Flórido Cesar, Marina F. R. Ribeiro e Luís Claudio Figueiredo

A cientificidade da psicanálise: novos velhos horizontes, com organização de Vitor Carvalho e Marcelo Ferretti

Clínica da excitação: psicossomática e traumatismo, de Diana Tabacof

Corpo, sonho, palavra: ensaios psicanalíticos II, de Flávio Ferraz

Da excitação à pulsão, com organização de Cândida Sé Holovko e Eliana Rache

De Narciso a Sísifo: os sintomas compulsivos hoje, de Julio Verztman, Regina Herzog e Teresa Pinheiro

Depressão & doença nervosa moderna, 2. ed., de Maria Silvia Borghese

Desafios epistemológicos para a psicanálise: ensaios psicanalíticos III, de Flávio Ferraz

Do pensamento clínico ao paradigma contemporâneo: diálogos, de André Green e Fernando Urribarri

Do povo do nevoeiro: psicanálise dos casos difíceis, de Fátima Flórido Cesar

Em carne viva: abuso sexual de crianças e adolescentes, de Susana Toporosi

Escola, espaço de subjetivação: de Freud a Morin, de Esméria Rovai e Alcimar Lima

Escola e subjetivação: diferentes perspectivas, de Esméria Rovai e Alcimar Lima

A eternidade da maçã: Freud e a ética, 3. ed., de Flávio Ferraz

Expressão e linguagem: aspectos da teoria freudiana, de Janaina Namba

Fernando Pessoa e Freud: diálogos inquietantes, de Nelson da Silva Junior

Figuras do extremo, de Marta Rezende Cardoso, Mônica Kother Macedo e Silvia AbuJamra Zornig

O grão de areia no centro da pérola: sobre neuroses atuais, de Paulo Ritter e Flávio Ferraz

Heranças invisíveis do abandono afetivo: um estudo psicanalítico sobre as dimensões da experiência traumática, de Daniel Schor

Histórias recobridoras: quando o vivido não se transforma em experiência, de Tatiana Inglez-Mazzarella

Identificação: imanência de um conceito, de Ignácio A. Paim Filho e Raquel Moreno Garcia

A indisponibilidade sexual da mulher como queixa conjugal: a psicanálise de casal, o sexual e o intersubjetivo, de Sonia Thorstensen

Interculturalidade e vínculos familiares, de Lisette Weissmann

Janelas da psicanálise: transmissão, clínica, paternidade, mitos, arte, de Fernando Rocha

O lugar do gênero na psicanálise: metapsicologia, identidade, novas formas de subjetivação, de Felippe Lattanzio

Os lugares da psicanálise na clínica e na cultura, de Wilson Franco

Luto e trauma: testemunhar a perda, sonhar a morte, de Luciano Bregalanti

Matrizes da elaboração psíquica no pensamento psicanalítico: entre Freud e Ferenczi, de Thiago da Silva Abrantes

Metapsicologia dos limites, de Camila Junqueira

Os muitos nomes de Silvana: contribuições clínico-políticas da psicanálise sobre mulheres negras, de Ana Paula Musatti-Braga

Nem sapo, nem princesa: terror e fascínio pelo feminino, de Cassandra Pereira França

Neurose e não neurose, 2. ed., de Marion Minerbo

Pensar o sujeito, agir no mundo: diálogos com a obra de Jurandir Freire Costa, com organização de Francisco Ortega, Gabriela Bastos Soares, Jairo Gama e Bethania Assy

A perlaboração da contratransferência: a alucinação do psicanalista como recurso das construções em análise, de Lizana Dallazen

Psicanálise de casal e família: uma introdução, com organização de Rosely Pennacchi e Sonia Thorstensen

Psicanálise e ciência: um debate necessário, de Paulo Beer

Uma psicanálise errante: andanças cinemáticas e reflexões psicanalíticas, de Miriam Chnaiderman

Psicopatologia psicanalítica e subjetividade contemporânea, de Mario Pablo Fuks

Psicossomática e teoria do corpo, de Christophe Dejours

Razão onírica, razão lúdica: perspectivas do brincar em Freud, Klein e Winnicott, de Marília Velano

Relações de objeto, de Decio Gurfinkel

Ressonâncias da clínica e da cultura: ensaios psicanalíticos, de Silvia Leonor Alonso

Sabina Spielrein: uma pioneira da psicanálise – Obras Completas, volume 1, 2. ed., com organização, textos e notas de Renata Udler Cromberg

Sabina Spielrein: uma pioneira da psicanálise – Obras Completas, volume 2, com organização, textos e notas de Renata Udler Cromberg

O ser sexual e seus outros: gênero, autorização e nomeação em Lacan, de Pedro Ambra

Tempo e ato na perversão: ensaios psicanalíticos I, 3. ed., de Flávio Ferraz

O tempo e os medos: a parábola das estátuas pensantes, de Maria Silvia de Mesquita Bolguese

Tempos de encontro: escrita, escuta, psicanálise, de Rubens M. Volich

Transferência e contratransferência, 2. ed., de Marion Minerbo

Trauma: metapsicologia e clínica de Sigmund Freud, de Thais Siqueira

GRÁFICA PAYM
Tel. [11] 4392-3344
paym@graficapaym.com.br